문화란 무엇인가

CULTURE

TERRY EAGLETON

문화란 무엇인가

테리 이글턴
이강선 옮김

CULTURE

문예출판사

토니 아다미를 위하여

차례

머리말

문화란 다면적인 개념이어서 엄격히 통일된 하나의 경우로 논하기 힘들다. 그런 이유로 이 책은 주장의 엄정한 통일성을 포기하는 대신 여러 가지 다른 관점에서 문화라는 주제에 접근하려 한다. 나는 '문화'라는 용어의 다양한 의미를 점검하는 일로 시작해, 문화 개념과 문명 개념의 주요한 차이점들을 몇 가지 살펴볼 것이다. 그런 다음 문화를 인간 존재의 근간이라고 간주하는 포스트모던 시대의 문화주의culturalism 원칙을 살펴볼 것이며, 이 과정에서 다양성, 복수성, 혼종성, 포용성 등의 개념을 유행이 이미 지난 몇몇 비평적 판단을 통해 살펴보려고 한다. 또한 문화 상대주의cultural relativism라는 신조에도 이의를 제기하려고 한다.

문화는 일종의 사회적 무의식으로 여겨질 수도 있는데, 이를 염두에 두고 그런 생각을 주창한 두 주요 인물의 작업을 살펴볼 것이다. 한 사람은 정치철학자 에드먼드 버크Edmund Burke로, 그의 글은 널리 알려져 있지만 문화 개념과 연관지어 논의되는 일은 흔치 않다. 다른 한 사람은 독일의 철학자 요한 고트프리트 헤르더Johann Gottfried Herder로, 문화적 문제들에 대한 그의 사유는 놀라울 정도로 독창적이지만 그에 어울리는 인기를 얻지 못하고 있다. 또한 T. S. 엘리엇T. S. Eliot과 레이먼드 윌리엄스Raymond Williams의 글에 나오는 사회적 무의식으로서의 문화에 대해 몇 가지 의견을 덧붙일 것이다. 이 두 사상가에게 문화는 극히 중요한 개념이지만, 이들이 문화를 보는 정치적 입장은 극명히 대립한다.

이들에 이어 아주 대담하면서도 쾌활한 문화비평가 오스카 와일드Oscar Wilde를 다룬다. 와일드를 다루는 장은 그에게 경의를 표하는 동시에 이전 장들에서 논의했던 문화 형태의 일부를 요약한다. 이어서 흔히 속물성으로 특징지어지는 현대의 문화 관념이 왜 그처럼 중요해졌는지에 관한 질문으로 넘어가 다양한 범위의 답을 제시한다. 주요한 답들은 산업자본주의에 대한 미학적 혹은 유토피아적 비판으로서의 문화라는 관념, 혁명적 민족주의, 다문화주의, 정체성 정치의 발흥, 종교의 대체재를 찾으려는 노력, 소위 문화산업의 출현 등이다. 또한 문화주의라는 원칙을 비판적으로 살펴볼 예정인데, 이는 문화가 인간 존재 속에 철저히 스며들어 있기 때문으로, 문화 상대주의의 문제 역시 살펴볼 것이다. 이 책의 결론은 문화가 일부 옹호자들이 상상하듯 현대사회에서 결코 핵심적이지 않다는 것으로, 그런 결론에 이르게 된 이유를 다수 제시한다.

명민한 독자들은 스위프트, 버크, 와일드에서 아일랜드의 반식민주의 정치에 이르기까지 아일랜드의 모티프가 이 책 전체를 관통하고 있음을 알아차릴 것이다.

테리 이글턴

일러두기

본문의 주는 독자의 이해를 돕기 위해 옮긴이가 추가한 것이다.
원문의 주는 미주로 처리했다.

1.

문화와 문명

'문화'는 유난히 복합적인 단어로, 누군가는 이보다 복합적인 단어는 한두 개밖에 없다고 주장하기도 했다.[1] 그러나 이 단어에는 네 개의 주요한 의미가 두드러진다. 문화는 (1) 예술적이고 지적인 작업들 전체 (2) 정신적이고 지적인 발전 과정 (3) 사람들이 살아가며 따르는 가치, 관습, 신념, 상징적 실천들 (4) 총체적 삶의 방식을 의미한다. 일례로 '라플란드 문화'라고 하면 아시아계 소수민족인 라프족이 사는 노르웨이, 스웨덴, 핀란드 및 러시아의 일부를 포함한 스칸디나비아의 북부 지역, 라플란드에 사는 사람들의 시, 음악, 춤을 의미하기도 하고, 혹은 그들이 먹는 음식, 그들이 즐기는 스포츠, 그들이 행하는 종교의식일 수도 있다. 더 확장하면 운송망, 투표 시스템, 쓰레기 처리 방식 등을 포함해 라플란드 사회 전체를 아우를 수도 있다. 이 모든 경우, 라플란드를 대표한다고 볼 수 있는 문화들이 라플란드 특유의 문화가 아닐 수도 있다. 예컨대 라플란드인이 먹는 순록은 마찬가지로 다른 민족도 먹는다. 라플란드에서는 겨울에 스노타이어를 장착하도록 법으로 강제하는데 북쪽 지역의 몇몇 나라들에 동일한 규제가 있다. 하지만 라플란드 지역에는 지구상 다른 어느 곳에서도 찾아볼 수 없는 장소가 있는데, 바로 산타클로스 마을이다. 일 년 내내 북극권에 있는 산타클로스의 집을 방문할 수 있으니 이 일이야말로 특별한 선물이 아닐 수 없다.

문화를 예술적이고 지적인 의미로 보면 당연히 혁신이 포함되지만, 삶의 방식으로서 문화는 일반적으로 습관의 문제다. 문화가 새로운 협주곡을 작곡하거나 새로운 저널을 출판하는 일을 가리킬 수 있지만, 더 넓은 의미의 관점에서 보면 새로운 문화적 사건이라는 발상은 약간 자기모순적인 느낌을 풍긴다. 그럼에도 그런 일들은 실제로 당연히 존재한다. 이런 의미에서 문화는 당신이 전에 했던 일, 당신의 조상들이 수백만 번도 넘게 해왔던 일을 가리킨다. 당신의 행위가 타당하려면 조상들의 행위와 연결해야 할 필요가 있기 때문이다. 예술이라는 의미에서 문화는 아방가르드가 될 수 있으나, 생활 방식으로서 문화는 대개 관습의 문제다. 종종 예술적인 문화에는 소수의 것으로서, 당연히 접근이 쉽지 않은 작품들이 포함된다. 그러나 발전 과정으로서의 문화는 더 골고루 많은 사람이 접근하는 것으로 여겨진다는 점에서 예술적 문화와 차이를 보인다. 지금 교양 없는uncultured 사람들이 나중에 교양을 쌓을cultivated 수 있다면,* 누구라도 마음먹고 노력한다면 문

---

* 영어로 'culture'의 어원은 'cultivate'(경작하다)인데, 이는 경작하기 전, 즉 인간의 손이 닿기 전의 '자연 그대로의 상태'와 반대 의미다. 그런 점에서 '문화'는 노력을 통해 경작된 인간의 정신으로서의 '교양'이라는 의미를 지닌다.

화 자본을 축적할 수 있는 것이다. 농업이 일정 기간 자연스럽게 성장하도록 관리하는 일을 포함하는 것처럼, 당신은 자신의 정신적 성장을 수년간 관리할 수 있다. 이런 의미에서 문화는 강아지나 한바탕 휩쓸고 지나가는 독감처럼 즉각 획득할 수 있는 것이 아니다.

일반적으로 말해, 문화의 처음 세 가지 의미는 너무나 많은 내용을 포함할 위험이 있는 네 번째 의미(총체적 삶의 방식으로서의 문화)보다 더 유용해 보인다. 문화연구자 레이먼드 윌리엄스는 문화 개념에 관해 "문화라는 개념의 어려움은 끊임없이 확장하도록 강요받고 있어 마침내 일상적인 삶 전체와 거의 동일해지는 지경에 이르게 되는 것"이라고 언급했다.[2] 어째서 우리가 그 단어를 확장하도록 "강요받고" 있는지는 명확하지 않으나, 윌리엄스는 '문화'라는 용어 자체에 어떤 인플레이션 경향이 이미 내포되어 있다는 점을 정확하게 파악하고 있다. 그러나 그런 경향을 실제로 염려했어야 함에도 윌리엄스가 그에 대해 걱정한 것 같지는 않다. 만일 문화의 미학적 의미가 너무 좁아진다면, 인류학적 의미도 형태가 지나칠 정도로 불분명해질 수 있다. 그렇다 해도 의미의 확장은 나름대로의 쓸모가 있다. 윌리엄스는 예술로서의 문화와 삶의 방식으로서 문화 사이의 차이점을 설명하는데, 그는 영국 노동계급 운동의 문화가 회화와 시의 문제라기보다는 노동조합, 협동조합 운동, 노동당 등 정치제도의 문제라는 점을 지적한다. 또 나중에 살펴볼 독일의 철학자 요한 고트프리트 헤르더도 문화가 가치와 정서만큼이나 산업, 상업, 기술을 포함한다고 설명한다.

《문화의 정의를 내리기 위한 노트*Notes Towards the Definition of Culture*》에서 T. S. 엘리엇은 문화가 "한 민족의 특징적인 활동과 관심사 전체"를 포함하도록 만든 다음, 영국의 전형적인 문화적 실례를 다수 열거한다.[3] 더비 경마대회 날Derby Day, 헨리 레가타Henry Regatta, 다트 판, 웬슬리데일 치즈, 고딕식 교회당, 데친 양배추, 식초에 절인 홍당무, 엘가의 음악 등이 그것이다.* 약간 기분 내키는 대로 선정된 듯한 이 국보 목록에 대해 논평하면서, 윌리엄스는 엘리엇의 목록이 어느 민족의 전형적인 활동들을 전혀 대표하고 있지 않으며 실제로는 더 오래되고, 더 특권적인 교양을 암시하는 일련의 "스포츠, 음식, 약간의 예술"이라고 언급한다. 이어 윌리엄스는 이렇게 묻는다. 영국인들의 특징적인 활동을 얘기할 때는 제강업製鋼業, 증권거래소, 혼합 농법, 런던 교통공사 상표 등이 포함되어야 하는 것 아닌가?[4] 달리 말하면, 엘리엇은 총체적 삶의 방식으로서의 문화(앞 4번 정의)를 기술하고 있는 것처럼 보이지만, 실제로는 문화 개념을 관습과 상징적 실천들(앞 3번 정의)에 한정하고 있다. 그러므로 여기에서 즉각 문제점 하나가 생겨난다. 한 민족의 문화는 실제적이고 물질적인 존재 양식을 포함하는가, 아니면 상징적 영역에만 국한되어야 하는가?

---

* '더비 경마'는 1790년 이래 매년 6월 첫째 주 토요일에 엡섬에서 열리는 경마대회고, '헨리 레가타'는 1839년 이래 매년 7월 첫째 주 주말에 템즈강에서 열리는 보트대회며, 웬슬리데일 치즈는 요크셔 북부 웬슬리데일에서 생산된 영국식 치즈를 의미한다.

여기에서 라플란드의 문화와 라플란드의 문명 사이의 차이를 분명히 한다고 해서 지나치게 현학적인 건 아닐 것이다. 라플란드의 회화, 요리, 성性에 대한 태도가 전자에 들어간다면, 운송 체계와 중앙난방 형태는 후자에 포함된다. '문화'와 '문명'은 원래 거의 동일한 의미였으나, 근대에 들어서는 이 둘이 구별될 뿐 아니라 실제로는 반대말로(도) 여겨진다. 근대 역사의 기록에서 독일인들이 일반적으로 문화를 대표하는 것으로 여겨져 왔다면, 프랑스인들은 문명의 기수로 선두에 서 있다. 독일인들은 괴테, 칸트, 멘델스존을 가지고 있는 반면, 프랑스인들은 향수, 최고급 요리, 샤토뇌프 뒤 파프*를 보유하고 있다. 독일인들은 정신적이고, 프랑스인들은 세련되었다. 바그너와 디올 사이의 선택이랄까. 고정관념에 빗대 말하자면, 독일인들은 과도하게 고결하고, 프랑스인들은 과도하게 완숙하다.

대략 말하자면, 우편함은 문명의 일부고, 우편함을 무슨 색으로 칠하느냐는(예컨대 아일랜드의 우편함은 녹색이다) 문화의 문제다. 현대사회에는 신호등이 필요하지만 반드시 적색이 '서시오'를, 녹색이 '가시오'를 의미하지는 않는다. 문화대혁명 기간 베이징에서는 이를 반대로 뒤집자는 요구도 있었다. 대개 문화는 '무엇을 하는가'보다 '어떻게 하는가'와 더 관련이 있다. 문화는 스타일, 테크닉, 기존 절차의 집합체를 뜻할 수 있다. 예를 들어, 자동차 공장을 경영하는 데에는 다양한 방식

---

* 아비뇽과 오랑주 사이의 론 계곡 지역에서 생산되는 유명한 포도주.

이 존재하고, 이 때문에 르노의 문화와 폭스바겐의 문화를 대비시킬 수 있는 것이다. 사람들은 누구나 친척이 있지만, 모든 문화에 친척에게 농담을 건네야 한다는 전통이 있는 것이 아니다. 그러므로, 만일 어느 한 문화에 그런 전통이 있다면 그건 그 문화만의 사안, 곧 문화적 사안에 해당한다. '경찰 문화'란 진압봉과 고무탄 자체보다는 지극히 경미한 도발에도 진압봉과 고무탄을 기꺼이 사용할 일부 경찰 병력이 존재하느냐는 문제와 관련된다. 즉 경찰이 생각하고 행동하는 관례적인 방식, 가령 이들이 강간범에 대해 어떤 느낌을 갖는지라든가 하급 경관이 상급 경관에게 경례를 붙이느냐의 여부를 포괄하는 것이다. 오스트레일리아 문화는 겨울철 휴양지 앨리스스프링스에 수많은 승용차 대여 시설이 있다는 사실을 포함하지는 않을 테지만, 바비큐, 오스트레일리아식 축구Rules Football, 해변에서 보내는 시간은 확실히 아우른다. 영국 문화는 아이러니와 절제된 표현에서부터 사소한 기회만 생기면 플라스틱으로 만든 붉은 코를 얼굴에 붙여대는 일까지를 포괄한다.

'문화'라는 용어를 사용하는 일이 필요하지 않은 것 같은 경우도 있다. 축구에서 승부 조작 문화가 광범위하게 퍼져 있다고 주장하는 것은 승부 조작이 많이 일어나고 있다고 주장하는 것이다. 승부 조작을 문화라고 부른다면 그 일이 습관적이고, 견고히 뿌리박혀 있으며, 어쩌면 당연하게 여겨지고, 어떤 확고한 절차가 통제하고 있음을 함축하고 있다. 이런 의미에서 문화가 순전히 기술記述적인 범주처럼 보일 수도 있으나, 이 역시 기만적일 수 있다. 예컨대 누군가의 삶의 방식을 독특한 것으로 바라보는 일은 일반적으로 그의 삶의 방식이 다른 이들과 어떻게 다른지에 대한 일련의 지각을 포함하고 있으며, 따라서 어느 정도의 의심도 들어가 있는 것이다. 집합적 정체성의 형식은 대부분 타인을 배제하면서 이루어지며, 때로는 필연적으로 그렇게 해야만 한다. 만약 당신이 칼을 삼키는 전문 곡예사라면 당신은 왕립간호협회의 회원이 될 수 없다. 때로 그 배제라는 것이 덜 순수할 때도 있다. 길 건너편에 아일랜드 민족 정체성을 주장하는 가톨릭 민족주의자들 무리가 편안하게 자리 잡고 있지 않다면, 북아일랜드 통합주의자들이 잉글랜드의 상징인 성 조지 깃발을 흔들어 통합을 주장할 필요도 없는 것이다.* 무해한 것처럼 보이는 문화 관념은 이런 식으로 시작부터 불화의 씨앗을 품고 있는 것일지도 모르겠다. 게다가 한쪽의 관점으로는 순수하게 사실에 입각한 기술로 보일 수 있는 것도 다른 쪽의 관점으로는 그렇게 보이지 않을 수 있다. 예를 들어 '토지를 소유한 지주층의 문화'에 대해 순수하게 사실을 기술한다고 해도 그 지주층의 영지를 경작하는 이들에게는 사실 기술로 보이지 않을 수도 있다.

생활 방식의 총체로서 문화 개념은 근대사회보다는 부족사회 혹은 전근대사회와 더 잘 들어맞을 것이다. 실제로 생활 방식의 총체로서 문화 개념이 유래한 곳 중 하나가 바로 전근

---

* 성 조지 깃발은 하얀색 바탕에 붉은 십자가St. George's Cross가 그려진 잉글랜드의 상징 깃발이다.

대인에 대한 연구에서다. 전근대적 사회가 유기적 총체organic wholes를 구성하기 때문은 아니다. 갈등과 모순에서 면제된 사회라는 의미에서 '총체적' 사회는 존재하지 않는다. 더 정확히 말하면 전근대적 사회 조건에서 상징적 실천과 사회적 혹은 경제적 활동 사이에 분명한 선을 그어 이편과 저편을 나누는 게 더 어렵기 때문일 것이다. 예컨대 일과 정치를 문화라는 주제 속에 함께 포함하는 일은 덴마크인들에 대해 이야기할 때보다 수단의 딩카족을 다룰 때 훨씬 더 이치에 맞을 수 있다. 근대보다 전근대 시기에 실제적인 것과 상징적인 것의 결합이 더욱 밀접했을 가능성이 크다. 가령 전근대 시기의 부족들은 그들의 노동과 상업이 경제로 알려진 자율적인 영역을 구성하고 있어 영적 믿음과 유서 깊은 의무로부터 완전히 분리된 채로 존재할 거라고는 생각하지 않았을 것이다. 반대로 근대 세계에서 경제적인 것은 오래된 권리와 관습에 신경 쓰지 않는다. 더 이상 사장은 당신이 좋은 삶을 살고 있는지에 대해 온정주의적인 관심을 쏟을 도덕적 의무가 있다고 여기지 않고, 혹은 최소한 그런 관심을 갖고 있음을 가볍게 보여주는 일마저도 할 필요가 있다고 여기지 않는다. 오늘날 당신은 그저 살아남기 위해서나 순전히 이익을 남기기 위해 일하지, ('그에 더해') 전능한 신에게 경의를 표하기 위해서나 영주에게 관습적 의무를 다하기 위해 혹은 당신이 속한 부족의 친족 체계 속에서 부여된 역할을 수행하기 위해 일하는 게 아니다. 사회적 사실은 문화적 가치와 분리되기 시작했고, 그 과정에서 새로운 형태의 고난뿐 아니라 새로운 종류의 자유도 생겨난다. 예를 들면 오늘날 당신은 가장 높은 가격을 부르는 사람에게 노동력을 팔 수 있는 것이지, 한 명의 주인에게 몸이 묶여 있는 게 아니다. 권력은 더 이상 영적 권위 속에 쉽게 몸을 숨길 수 없다. 당신은 전통이라는 미묘한 강제력에 구속되어 있다는 느낌을 덜 가지게 되었고, 조카와 눈이 마주칠 때마다 농담을 건네야 하는 진절머리 나는 의무를 지키지 않아도 된다.

19세기 소농과 근대의 공장 노동자 간에 어떤 차이가 있는지 보라. 가족 소유의 전통적인 소규모 농지에서의 노동과 가정생활은 산업과 가정이 분리되어 있는 공장 마을에 비해 훨씬 더 끈끈하게 연결되어 있다. 예를 들면, 소농들이 아이들을 낳는 이유는, 다른 이들과 대부분 동일하겠지만, 아이들이 자라서 농지에서 일하고, 늙은 자신을 부양하며, 결국 그 아이들이 몇 에이커 안 되는 작은 땅을 물려받게 되기 때문이다. 아이들은 귀엽다는 것 외에도, 노동력, 복지 체계, 그리고 농장을 계속 유지한다는 것을 나타내는 표상이다. 반대로 근대 문명에서 아이들이 왜 필요한지 말하기란 쉽지 않다. 아이들은 일하지 않고, 어떤 아이들은 집 안을 장식할 수 있을 만큼 예쁜 것도 아니다. 기르는 데 돈이 많이 들고, 언제나 합리적인 것도 아니다. 젖먹이를 돌보는 일은 인류가 알고 있는 가장 고된 노동 중 하나다. 이 모든 걸 고려하면, 근대 인류가 계속 재생산에 전념하고 있다는 것 자체가 놀라운 일이다. 하지만 소농과 소작농에게 자녀들이 유용하다는 것은 의문의 여지가 없다.

그런 상황에서 누구와 결혼을 할 것인가의 문제 또한 부분적으로는 경제적 요인들이 좌우할 수 있으며, 이는 오하이오

주 시골 마을에서보다 근대 생활에서 성생활과 재산 사이를 분명히 구분하는 일이 적음을 뜻한다. 성생활은 부드러운 음악과 촛불 켜진 만찬보다 지참금과 중매쟁이에 관한 사안일지도 모른다. 사실 상당수의 전근대 시골 하층민들에게는 촛불이 켜져 있든 아니든 간에 만찬을 한다는 것 자체가 아마도 행운이었을 것이다. 이런 식으로 성적인 것과 경제적인 것이 얽혀 있다는 점이 시골 사회의 하층민들이 지니는 특징인데, 이는 또한 토지를 소유한 지주와 귀족 계층의 특징이기도 하다. 예컨대 상류층의 결혼은 헨리 필딩Henry Fielding의 소설 《톰 존스Tom Jones》의 끝부분에서 톰 존스와 소피아 웨스턴의 결합이 그렇듯 두 개의 거대한 토지 합병을 포함할 수도, 토지 자본과 산업 자본이 맺는 상호 이익 동맹을 확고히 할 수도 있다.

그렇다면 향수가 없는 한 '문화'라는 단어를 총체적인 사회적 실재로 확장하는 것도 이치에 맞을 수 있을 터이다. 예컨대 산업화 시대 이전 영국에서의 일상이 현대 시카고의 일상보다 질적으로 더 낫다고 제안하는 식의 일은 있어서는 안 된다. 오히려 그 반대로 산업화 시대 이전 영국의 일상은 많은 부분에서 현대 시카고보다 훨씬 나빴다. 부족사회를 이상화하는 일로 귀결되어서도 안 된다. 하지만 순전히 묘사적인 측면으로 본다면, 문화에 일상적인 사회 활동을 포함할 때 사막의 유목민으로 양을 치며 살아가는 '투아레그족 문화'가 확실히 미국 서부의 '텍사스 문화'보다 덜 부담스러울 것이다. 유정油井을 뚫는 일이나 침대 아래에 칼라슈니코프 자동소총을 감춰

두는 일이 문화의 영역에 속한다고 보기는 힘들기 때문이다. 여기에 위태로운 논점이 또 하나 있다. 산업화된 사회에서 지속되는 많은 일이 눈에 띄게 소중하지는 않다는 의미에서 비문화적인 것으로 여겨진다는 것이다. 탄광과 면직공장은 물질적 필요성의 영역에 속하지, 정신적 자유의 영역에 속하는 게 아니다. 기술적인 의미에서뿐 아니라 규범적인 의미에서도 탄광이나 면직공장은 비문화적인데, 이는 이러한 시설에 내포된 삶의 질이 아주 미흡하다는 의미다. 물론 산업화 이전 시대의 노동 형태는 전반적으로 훨씬 더 극악했다. 하지만 산업혁명과 더불어 그러한 문명에 대한 열띤 저항이 나타났고, 이 문명은 이제 전체가 정신적으로 파산한 것으로 보인다. 하여간 이런 시각을 가진 이들은 프리드리히 실러Friedrich Schiller, 존 러스킨John Ruskin, 윌리엄 모리스William Morris 같은 적대적인 관찰자들이었다. D. H. 로런스D. H. Lawrence 역시 같은 의견을 가지고 있었는데, 그는 산업화 시대의 영국이 "자연스러운 미의 완전한 부정, 삶의 기쁨에 대한 완전한 부정, 모든 새와 짐승이 가진 균형 잡힌 미에 대한 본능의 완전한 부재"와 연관되어 있다고 쓰고 있다.[5] 이제 문명은 사실의 문제가 된 반면, 문화는 가치의 문제가 된 것이다. 이런 의미로 쓴다면, 문화는 회복할 수 없는 상태로 과거 속에 누워 있는 것으로 보인다. 문화는 우리가 상실한 천국이요, 우리가 무례하게 쫓겨난 행복한 정원이요, 항상 역사적 지평선 너머로 바로 사라져버린 유기적 사회다.

그러므로 문화 개념을 탄생시킨 조력자 역할을 한 것은 산업 문명이다. 19세기에 이르러서야 비로소 '문화'라는 단어는 광범위하게 유통되기 시작했다. 일상의 경험이 삭막하고 빈곤해질수록, 그와 대조적인 방식으로 문화는 이상적인 것으로 홍보되었다. 문명이 더 지독스럽게 물질적으로 변해갈수록, 문화는 더 고귀하고 현실 초월적인 것으로 나타났다. 베를린과 빈의 중간계급 시민들은 고대 그리스의 흠 없는 유기적 사회를 꿈꾸기 시작했다. 문화와 문명은 이제 심하게 다투는 것처럼 보인다. 문화가 낭만주의적 개념이라면, 문명은 계몽주의의 언어에 속한다.

그렇지만 문명이 문화의 유일한 반명제는 아니다. 문화와 야만 또한 서로 극단적으로 멀리 떨어져 존재한다. 사실 일부 사상가들은 문명 대 문화 그리고 문화 대 야만, 이 두 개의 대조를 거의 동일한 것으로 여기기도 한다. 이 일은 문명화된 실재로 통하는 것의 많은 부분이 본질적으로 야만적이라는 의미일까? 그렇다고 믿는 이들도 분명히 있다. 예술이 도덕적 가치 및 정신적 진리들과 마찬가지로 인간의 삶 속에서 가장 탁월한 것을 대표한다면, 이런 관점에서 우리 존재의 많은 부분은 진정 인간적이지 않은 것이라는 말이 된다. 이런 의미에서 문화가 일상생활에 대한 질책을 나타내기는 해도, 상징적 실천이라는 의미에서 문화는 모든 지점에서 일상생활과 맞물려 있기도 하다. 문화 없이는 돼지 농장이나 군대 막사를 운영할 수 없다. 이 말은 돼지우리에 말러 음악을 틀어준다거나 사병들에게 디드로의 철학책을 나눠준다는 의미에서가 아니라, 가치와 의미작용을 다룬다는 의미에서 그렇다. 브라스밴드와 유치원에서부터 패션쇼와 바실리카 양식의 교회에 이르기까지 문화를 문명의 특정한 부문으로 여길 수 있다. 그러나 문화는 또한 전능한 신이 어디에든 존재하는 것만큼이나 사회의 이쪽 끝에서 다른 쪽 끝까지 스며듦으로써, 사회 전체의 상징적 차원을 의미화하기도 한다. 기호와 가치 없이 인간 활동을 특징지을 수는 없다. 예술은 사회제도와 불화하고 있다고 여길지 모르지만, 어떤 경우라도 예술은 그것 자체로 사회제도의 하나며, 다른 사회 체계들의 조력이 있어야만 살아남을 수 있다. 소설을 읽기 위해서는 소설책이 필요하고, 소설책을 만들어내기 위해서는 제지 공장과 인쇄기가 필요하다. 문명은 문화의 전제조건인 것이다. 새뮤얼 테일러 콜리지Samuel Taylor Coleridge는 《교회와 국가의 구성에 대하여On the Constitution of Church and State》에서 도덕적 안녕이라는 의미에서 문화를 언급함으로써 문화와 문명 중 문화가 더 근본적이라고 말하고 있으나, 사실 문화는 자신이 일정한 정신적 기반을 대여해주려 애쓰는 대상인 바로 그 문명이 만들어낸 피조물이다.

문화는 가치의 문제고, 문명은 사실의 문제로 보일지도 모르지만, 각 용어는 규범적이고 기술적인 방식 모두에서 공히 사용될 수 있다.* '총체적 삶의 방식a whole way of life'이라는 구절에서 단어 'whole'은 (기술적으로, 가치판단이 들어가 있지 않고 오

---

* '기술적'인 진술은 'A가 B인(A is B)' 상황이고, '규범적'인 진술은 'A가 B이어야 하는(A ought to be B)' 상황이다. 규범적인 진술은 가치판단을 만들지만, 기술적인 진술은 가치판단을 만들어내지 않는다.

직 사실만을 기술하는) '전체적인'을 의미할 뿐 아니라 (규범적으로, 어떤 규범 혹은 가치에 의해서) '통일된', '완전한', '결핍 없는'을 의미할 수도 있다. 19세기 인류학자인 에드워드 버넷 타일러Edward Burnett Tylor가 문화와 문명 모두를 "지식, 믿음, 예술, 도덕, 법, 관습을 포함해 사회의 구성원으로서 인간이 성취해낸 모든 역량과 습속을 포함하는 복잡한 총체"라고 정의할 때, 그는 기술적으로 말하고 있는 것이다.[6] 18세기 시인 헨리 제임스 파이Henry James Pye는 그의 시 〈세련됨의 진보The Progress of Refinement〉에서 "검은 아프리카인은 어떤 문화도 뽐내지 못하네"라고 선언했는데, 이때 그는 이 말을 가치평가적으로 쓰고 있는 것이다. 그의 말은 아프리카인이 삶의 형식이라는 의미에서 문화를 가지고 있지만 세련된 삶이라는 의미에서는 그렇지 못하다는 의미다. 달리 말해, 아프리카인들에게는 그들만의 삶의 방식이 있지만 그 방식에는 가치가 없다는 것이다. 마하트마 간디Mahatma Gandhi의 영국 문명에 대한 전설적인 조롱 또한 가치를 다루고 있는데, 그는 영국 문명을 어떻게 생각하느냐는 질문을 받고 "좋은 아이디어라고 생각해요"라고 답했다. 그는 평가 기준을 '사실로서의 문명'에서 짓궂게 '가치로서의 문명'으로 슬쩍 미끄러뜨렸던 것이다.* 고문 또한 사실과 가치의 문제로 바라볼 수 있다. 어떤 의미에서 고문은 문명화된 행동이지만 다른 의미에서는 문명화된 행동

---

* 출처에 따르면, 간디에게 물었던 질문은 '서양 문명에 대해 어떻게 생각하느냐'는 것이었다.

이 아니다. 상당수의 문명이 고문을 자행하고 있기 때문이다. 오직 문명화된 사람들만이 아이들의 놀이터에 고성능 폭약통을 설치할 수 있는 것이다.

나중에 우리는 T. S. 엘리엇의 문화 관점을 검토할 것인데 그의 작품은 이러한 중의성의 전형이다. 때로 엘리엇은 이 단어를 기술적으로 사용해, 문화를 "한 장소에 함께 모여 사는 특정한 사람들의 삶의 방식"이라고 표현한다.[7] 물론 이 정의가 가장 빈틈없는 표현은 아니다. 가령 영국 문화는 오늘날 같은 장소에서 다른 방식으로 살아가는 서로 다른 사람들로 이루어져 있을 뿐 아니라, 해외에서 사는 일부 영국인들의 라이프 스타일까지도 포함하기 때문이다. 그러나 엘리엇의 이런 기술적 정의는 그가 이 용어를 규범적으로 사용할 때, 즉 문화를 "삶을 살 만한 가치가 있게 만드는 것"이라고 말할 때와 맞지 않는다.[8] 그의 관점에서 문화는 때로는 풍습, 종교, 예술, 관념의 문제고, 때로는 "(한 사회를) 사회답게 만드는 것"이다.[9] 사회란 분명 예배당과 콘서트홀만으로는 부족하기 때문이다. 이에 더해 그는 "문화를 갖지 못할 것이라고 말하는 게 가능한" 미래에 대해 씀으로써 혼란을 가중하는데, 여기에서의 '문화'는 그가 좀 더 인류학적인 방식으로 쓰는 '문화'와 아귀가 잘 맞지 않는다.[10] 예술과 종교가 없는 사회, 혹은 생을 살 만한 가치가 없는 사회를 상상할 수는 있으나, 살아가는 방식이 없는 삶의 방식을 상상할 수는 없는 것이다.

문화의 또 다른 반대항인 '자연nature'이라는 단어도 유사한 중의성을 가진다. 빗물이 자연발생적이라고 말하는 것은 사실의 진술인 반면, 고객에게 사기를 치는 것이 은행원의 자연스러운 업무의 일환이라는 주장은 가치판단을 만들어낸다. 미연방준비은행 의장을 지냈던 어느 인물은 자본주의가 자연적인 현상이라고 믿는다고 언급한 적이 있는데, 그렇다면 고대 페르시아인들이나 현재의 아마존강 유역 부족들은 자연적이지 않은 행위들을 실천했다는 것일 수도 있다. 그런 점에서 '자연적인'이라는 단어를 무슨 일이 있어도 피해야 한다고 여기는 포스트모던 이론가들도 존재한다. 그들에게 문화적인 것을 '자연화'하는 일, 즉 실제로 변화 가능하고 상황적인 것들을 불가피하고 고정불변의 것으로 보이게 만드는 일은 단순히 기만적이다. 이런 이들은 자연이 변하지 않는 것이라고 상정하는 이상한 태도를 취하고 있으며, 이는 성형외과 의사들이나 광산 기술자들이 자연을 보는 시각과는 동떨어져 있다. '자연'이라는 단어가 그렇게 음험한 암시만을 품고 있을 필요는 없다. 죽은 친구를 애도하는 일은 자연스럽다. 출산은 자연스럽고, 죽음도 그렇다. 한밤중에 갑자기 울리는 비명소리에 놀라는 것은 자연스럽고, 배우 러셀 크로를 싫어하는 것도 그렇다. 자연은 문명의 혼란을 피할 수 있는 어떤 평온한 안식처로 찬미되어왔지만, 정확히 그 반대로 볼 수도 있다. 즉, 다루기 힘든 자연에 일말의 의미를 부여하려는 것은 바로 문명인 것이다. 슬라보이 지제크Slavoj Žižek는 "자연은 미치광이"라고 말한다. "자연은 혼돈 상태고 거칠고 예측 불가능하며 의미 없는 재난을 만들어내곤 한다. '어머니 대지Mother Earth' 같은 것은 없다. (…) 나는 어느 것이건 자연의 질서가 존재한다고 생각하지 않는다. 자연의 질서란 재앙이다".[11] 이는 워즈워스가 레이크 디스트릭트 지방을 이리저리 산책하면서 친구 콜리지에게 전했을 만한 감상은 확실히 아니다. 지제크에게 문제는 자연이 불변하는 게 아니라 지나치게 변덕스럽다는 것이다.

하나의 생각으로 문명은 물질적인 것과 정신적인 것을 함께 묶는다. 문명은 우리 주위에 규모가 큰 건물들, 독창적인 시설들, 정교한 조직들이 많이 있다고 말하면서, 동시에 이 모든 것이 우리의 도덕적 안녕을 증진하는 경향이 있다고 암시한다. 문명이라는 개념은, 다른 것들도 있지만, 일종의 판단으로 공공 도서관, 중앙난방, 찰리 쉰이나 크루즈 미사일을 가지지 못한 사람들을 불행하다고 여긴다. 대신 이 박복한 이들은 문화라 불리는 세계에 거주하는데, 이 말은 이들이 정장이나 치마를 입는 단계까지는 아직 진화하지 못했음을 의미하는 것일 수도 있다. 그러나 이 말이 항상 결점으로 판단된다는 의미는 아니다. 오스발트 슈펭글러Oswald Spengler는 《서구의 몰락 The Decline of the West》에서 모든 문화가 궁극적으로는 문명으로 굳어지는 쪽으로 향한다고 주장하는데, 이는 유기적인 것에서 기계적인 것으로 몰락을 제시한다. 현대의 문화 기술들이 도래하기 전까지 문명은 문화보다 더 지구적인 현상이었다. 문화는 전통적으로 더 지역적인 사안이었던 것이다. 이런 규칙에서 벗어나는 몇몇 중요한 예외들도 있다. 예컨대 미국 플로리다주의 로마 가톨릭 신자는 캄보디아의 로마 가톨릭 신자와 엄청나게 많은 공통점을 가지고 있을 것이다. 또 어떤 문화 유형들(프리메이슨, 채식주의자, 튜바 연주자)은 지구 전체에 걸쳐 흩어져 있을 것이다. 하지만 일반적으로 말할 때 문화는 하나의 나라, 하나의 지역, 하나의 사회계급, 하나의 민족 집단의 삶을 반영하는 경향이 있다. '고급문화'는 오래전부터 지구 전체의 사안이었으나 대중문화는 찰리 채플린이 우연히 나타나기 전까지는 진정 지구적이지 못했다는 말은 옳다.

존 스튜어트 밀John Stuart Mill은 문명이 다음과 같은 것들을 포함하고 있다고 쓴다.

> 물리적 편리의 증가, 지식의 발전과 보급, 미신의 쇠퇴, 상호 교류의 용이함, 유연해진 예의, 전쟁 및 개인적 갈등의 감소, 강자의 약자 폭압이 점진적으로 누그러짐, 다수의 협업으로 세계 도처에서 성취되는 위대한 작업들 (…)[12]

그리고 밀은 계속해서 문명의 부정적 측면을 열거하는데, 특히 문명이 만들어내는 부자와 빈자 사이의 중대한 불평등을 다룬다. 밀에게 문명은 도덕적, 물질적, 사회적, 정치적, 지성적인 것 전체를 포괄하며, 그런 의미에서 사실과 가치 모두를 아우른다. 문명은 물질적으로 발전된, 일반적으로는 도시에 기반을 둔 삶의 방식을 의미하며, 동시에 품격과 세심함을 갖추고 어떤 일을 하는 것을 시사한다. 바지를 입는 일은 (기술적인 의미에서) 문명화된 것이지만, 시종이 당신의 바지를 입혀주거나 당신이 바지를 무릎까지 말아 올린 채로 응접실에 들어가지 않는 일은 (규범적인 의미에서) 훨씬 더 문명화된 것이다.

문명이 지닌 이 두 양상 사이의 비율은 장소에 따라 다양할 수 있다. 미국은 물질적 번영을 문화적 부박함과 뒤섞는다는 비난을 종종 받는 반면, 영국은 구빈원이 있는 방적공장처럼 전통적으로 물질적 풍요를 세련된 사회적 형식과 조화시켰다고 하는데, 이는 영국이 부분적으로 여전히 귀족제를 유지하고 있기 때문이다. 미국 소설가 헨리 제임스Henry James가 영국에 정착한 이유 중 하나는 왕궁과 오래된 대학, 공작 지위와 사교계 숙녀가 있는 나라에서라면 더 순조롭게 집필할 수 있으리라고 느꼈기 때문이다. 미국의 '인공적'이고 '비유기적인' 본질에서 달아난 제임스는 영국 사회에서 그의 예술에 더 풍요로운 질감을 부여할 수 있는, 섬세하게 짜인 "예법, 관습, 어법, 습성, 형식"을 발견했다.[13] 문화의 예술적 측면은 평가 가능한 삶의 방식이라는 측면에서 영양을 공급받아 자라는 것으로, 이는 특히 그런 삶의 방식이 스타일과 분위기에서 이미 심미적이었기 때문이다.

　또 다른 저작에서 밀은 이렇게 쓴다.

　　우리는 더 많이 발전된 나라라고 생각할 때 문명화된 나라라고 부르는 경향이 있다. 즉, 인간과 사회가 가진 최상의 특성들이 더욱 탁월하거나, 완성으로 가는 길에 더욱 다가가거나, 더 행복하고 더 고결하고 더 현명한 경우를 문명화된 나라라고 부르는 것이다. 이것이 문명이라는 단어가 가진 하나의 의미다. 그러나 다른 의미에서 문명은 오로지 진보한다는 것만을 표상하며, 그로써 미개인과 야만인으로부터 부유하고 강력한 나라를 구분하는 것이다.[14]

다시 한 번, 문명이라는 단어의 규범적 의미와 기술적 의미가 구분이 되어 있다. 여기에는 모든 문명이 위험하게 자기 분할되어 있다는 의미가 내포되어 있을 수도 있다. 이는 문명이라는 용어의 규범적 의미가 항상 기술적 의미에 대한 판단을 대신할 수 있기 때문이다. 도덕적 진보로서의 문명은 부지깽이로 고아들을 때리고 청소하라고 어린 소년들을 굴뚝에 올려 보내는 문명*과는 조화를 이루지 못한다. 아이러니하게도 번영을 만들어내는 바로 그 힘들은 또한 감수성을 더 세련되도록 도우며, 번영한 결과로 나타나는 부당성들을 더욱 경계하도록 만든다. 산업자본주의 사회는 미술관, 대학, 출판사와 같은 제도를 창조할 부를 만들어내는데, 이 제도들은 그 사회가 스스로의 탐욕과 속물성을 비난할 수 있도록 하는 것이다. 이런 의미에서 보면, 문화는 자신을 먹여주는 손을 깨무는 역할을 한다.

'문화'라는 단어는 애초에는 '문명'과 동의어였고, 한동안은 그렇게 계속 사용되었다. 그러나 결국에는 문명에 대해 의문을 갖게 만드는 가치들의 집합을 의미하게 되었다. 로버트 J. C. 영Robert J. C. Young은 "문화 개념이 서구 문명 주류와 동의어인 동시에 반의어로 발전했으며, 문명이자 동시에 문명 비판이었다는 놀라운 사실"에 대해 언급한다.[15] 문명이 그렇

---

* 유럽에서 굴뚝청소부는 중세부터 이어져온 직업이다. 굴뚝청소부는 굴뚝 내벽에 붙은 재와 검댕을 털어내는 일을 한다. 산업혁명기 영국에서는 고아 등 빈민층 아이들이 굴뚝청소부로 내몰려 생명을 잃기도 했다.

듯 문화도 물질적 제도들을 포함하나, 일차적으로는 정신적 현상으로 파악될 수 있으며, 바로 그런 점에서 문화는 사회적·정치적·경제적 활동들에 대해 판단을 내릴 수 있는 것이다. 문화는 문명에 비해 유용성의 지배를 덜 받으며, 실용적으로 고려해야 한다는 의무가 덜하다. 이런 의미에서 문화는 그저 존재하기만 해도 도구적 이성 비판이 된다. 하지만 '문명'이 그렇듯 '문화'도 판단의 용어일 뿐 아니라 중립적 용어가 될 수 있다. '나치 문화'라는 표현은 모순어법처럼 들릴 수 있다. 그러나 이 표현은 반드시 동의한다는 의미를 내포하지 않으며 그저 나치당원들의 삶의 방식을 의미할 수 있다. 하지만 '나치당원들은 문화를 혐오했다'라는 표현은 그들이 혐오했던 문화가 나치의 손길로부터 벗어나야 할 가치가 있었음을 암시할 수도 있다. 본드 흡입은 삶의 방식의 일부라는 의미에서 문화적일 수 있겠지만, 칭찬받을 만한 삶의 방식은 아닌 것이다. 예술적이고 지적인 작품을 일괄한다는 의미에서 문화는 그것이 지칭하는 작품들에 붙은 비싼 가격표가 없으면 기술적인 용어일 수 있다. 혹은 가치평가의 용어가 될 수도 있지만, 부정적인 의미에서 그렇다. 어쨌든 세상에는 수준 낮은 예술과 조잡한 사유도 많지 않은가. 또한 높은 교양을 갖췄으면서도 도덕적으로는 파산 상태일 수 있다. 아드리안 레버퀸은 토마스 만Thomas Mann의 소설 《파우스트 박사Doktor Faustus》의 주인공으로, 뛰어난 작곡가인 동시에 현대 문학에서 가장 탁월한 악의 초상이다.

다수의 철학자가 예술이라는 의미에서 문화에 최상의 가치를 부여했다는 점은 사실이다. 그러나 모든 위대한 사상가가 다 그렇게 하지는 않았다. 플라톤Platon은 정치적 이유로 예술에 적대적이었고, 그의 이상적 국가에서 시인들을 추방했다. 가장 위대한 근대 철학자인 이마누엘 칸트Immanuel Kant는 예술에서 내용을 제거하고 순수한 형식으로 축소한다. 헤겔G. W. F. Hegel은 근대 예술이 고대 세계의 예술과는 달리 필수적 역할을 더 이상 해낼 수가 없으므로, 철학에 자리를 내주어야 한다고 보았다. 제러미 벤담Jeremy Bentham은 19세기 영국에서 최상의 도덕적 신조였던 공리주의 철학을 만들었으나, 미적 문제에 이르면 완전한 속물이다. 카를 마르크스Karl Heinrich Marx의 추종자들은 예술적 문화가 정치 헤게모니의 편익을 위해 자주 동원된다고 생각하고, 그래서 얼마간 회의적인 태도로 문화를 다루어야 한다고 여긴다. 프리드리히 니체Friedrich Nietzsche는 예술을 불가피한 환상이라고 본다. 아르투어 쇼펜하우어Arthur Schopenhauer도 마찬가지였는데, 그에게 예술은 고통으로 가득한 세계 속에서 가장 자비로운 기능인 도피를 수행하기 때문이다. 미래주의자에서부터 프랑크푸르트학파에 이르는 사상가들은 실제적 모순에 대한 상상적 해결책을 제공해준다는 이유로 예술을 비난한다.

문명에 대해서는, 많은 작가가 그것이 가치의 문제라기보다는 사실의 문제라고 여겼다. 예컨대 토머스 홉스Thomas Hobbes나 장 자크 루소Jean Jacques Rousseau에게 문명은 더 유순했던 자연 상태로부터 통탄할 만큼 추락한 상태에 해당한다. 격식 있고 세련되었다는 의미, 개인적 우아함과 멋들어진 사교술을 갖췄다는 의미에서 문명화된 이들은 루소가 경멸한 소시민들을 환기한다. 볼테르Voltaire는 문명의 역사란 부자들이 가난한 자들의 피를 빨아먹어 배가 부르게 된 기록이라고 본다. 칸트는 문명화된 존재의 원천은 사회적 불화라고 생각한다. 마르크스는 문명을 만들어낸 단 하나의 창시자가 노동이라고 여긴다. 노동은 오이디푸스콤플렉스에 사로잡힌 아이처럼 자식인 문명을 철저히 부끄러워하는 부모로, 종종 문명을 부정하려고까지 한다. 마르크스는 노동이 자연과의 교합을 통해 사회질서를 낳는 형식으로 보았지만, 노동이 발생하는 곳에 있는 억압적 조건들 때문에 노동에서 생산된 사회질서에는 갈등과 폭력이라는 특징이 존재한다고 보았다.

지크문트 프로이트Sigmund Freud는《문명 속의 불만*Civilisation and its Discontents*》에서 예술을 판타지의 세련된 형식으로, 문명을 치명적으로 적대적인 힘 사이의 전투로 바라본다. 그는 죄책감, 억압, 희생, 자기혐오를 대가로 치르면 빛나는 문명화된 존재가 된다는 확신이 전혀 없다. 문명은 우리에게 본능적 만족을 단념하라고 요구하는데, 프로이트의 관점으로 보면 이는 우리를 "영원한 내적 불행" 상태로 빠뜨리는 것이다.[16] 레프 톨스토이Lev Tolstoi는 예술과 문명화된 존재 모두에 대해 가혹하게 쓴다. 널리 알려져 있듯, 발터 베냐민Walter Benjamin은 문명이 야만과 뗄 수 없이 결합되어 있다고 인식한다. 이는 조너선 스위프트Jonathan Swift가 이미 예견했던 시각으로, 스위프트는《통 이야기*A Tale of a Tub*》(13절)에서 "(인간 안에서) 문명과 야만이 서로 접해 있는 높이와 깊이의 경계가 얼마나 가까운지"에 대해 쓴다. 19세기 말과 20세기 초의 많은 이에게 문명이란 그저 피상적인 것일 뿐이었다. 문명의 표피 아래에는 어둡고 악한 힘들이 잠복해 있어서 언제라도 밝은 세상으로 불쑥 난입할 수 있는 위협 요소가 된다는 것이다. 영국 신사를 긁어보라. 미친 짐승을 발견하게 될 것이다. 이를 '파리대왕 신드롬'*이라고 부를 수도 있을 것이다.

문명은 기능적인 사안인 반면 문화는 그렇지 않다고 생각할 수도 있다. 하지만 이는 너무나 단순한 대조다. 문명은 특별한 의미를 갖지 않는 수많은 현상을 포함하고 있다. 2008년 공화당 부통령 후보였던 세라 페일린Sarah Palin, 기존 품종의 개를 교배해 새로운 경주견 휘핏whippet 만들기, 30개의 각각 다른 브랜드 치약 생산하기 등이 그 예다. 반대로, 문화는 많은 (기능적인) 목적을 달성해낼 수 있다. 근대 이전의 많은 사회에서 문화는 다양한 방식으로 실용적인 역할을 했다. 도덕적·예술적 의미에서 문화는 우리가 삶을 더욱 풍요롭게 살아갈 수 있도록 돕는다. 하지만 외적인 목표를 갖는 행위들과 내적인 목표를 갖는 행위들 사이에는 차이가 있다. 일부 좌파들이 '실천practice'의 동의어로 잘못 사용하는 '프락시스praxis'라는 단어는 후자의 행위 형태를 묘사하는 말일 때 더 제대로 쓰

---

* '파리대왕 신드롬Lord of the Files Syndrome'이란 겉으로는 점잖은 이가 익명성이 담보되는 상황 혹은 자신의 행동에 대한 부정적 대가를 기대하게 되지 않는 상황에서 부도덕하고 비양심적인 행동에 빠지게 되는 경향을 일컫는다. 윌리엄 골딩의 소설《파리대왕》(1954)은 비행기 사고로 무인도에 표류하게 된 영국 소년들이 점차 '문명화된' 행동에서 벗어나 '야만적' 본성을 드러내는 과정을 그렸다.

이는 것이다. 예술, 스포츠, 친구들과 펍을 돌며 흥청거리는 일은 모두 목표가 있는 일들이지만, 은행을 털기 위해 얼굴을 가리는 발라클라바*를 직접 짜는 것처럼 외적인 목표를 갖는 행위는 아니다. 그런 행위들은 당신을 어딘가로 이끌지 않는다. 성취로 여겨지지 않는 것이다. 자신이 가진 기량을 작성하는 입사지원서에 '친구들과 취하기'라고 쓰는 사람은 많지 않다. 이 문제는 신학적인 차원까지도 담고 있다. 기독교의 창조론은 세계가 어떻게 시작되었는지에 대한 것이 아니라 세계의 창조에 아무런 목표가 없다는 사실에 관한 것이다. 신은 영원한 자기만족의 일부로, 그저 재미로 세계를 만들었던 것이다. 신은 세계를 아예 빚어내지 않을 수도 있었으며, 소포클레스Sophocles에서 쇼펜하우어까지 그 편이 틀림없이 더 신중한 선택이었을 것이라고 여겼던 이들이 존재한다.

대단히 소중한 인간 행위 중 많은 행위가 또한 목적이 없는 행위들로 꼽힌다는 점은 놀라운 사실이다. 물론 모두가 그런 건 아니다. 배고픈 자를 먹이고 아픈 자를 돌보는 일은 귀중하지만 무가치하지는 않다. 그러나 공을 차고, 섹스를 하고, 자식과 놀고, 국화를 기르고, 클라리넷을 연주하는 일은, 그런 일들을 직업으로 하는 프리미어리그 축구선수, 스타 오페라 가수, 매춘부, 베이비시터, 정원사, 연주가 등을 제외한다면, 실용적 가치가 거의 없다. 그런 행위들은 자체적으로 자질, 목표, 근거, 이유를 내포하고 있고, 따라서 예술 작품과 밀접한

---

* 눈을 제외하고 머리, 목, 얼굴을 거의 다 덮을 수 있게 만든 방한모.

관련을 맺는다. 이런 점에서 볼 때, 예술은 우리가 살아가는 이유가 아니며, 만약 그렇다고 주장한다면 무익한 종류의 탐미주의일 것이다. 그러나 예술은 우리에게 어떻게 살아가야 하는지에 대한 모델을 제공하며, 이는 (무익한 탐미주의보다) 더욱 시사하는 바가 많다. 이후에 오스카 와일드의 사례에서 보게 되겠지만, 존재를 심미적으로 만드는 것은 응접실의 구석에서 우아한 자세를 취하거나 금박 장식으로 몸을 뒤덮는 게 아니라, 이런 종류의 예술을 추구하는 데 자신을 바치는 것이다. 아리스토텔레스Aristoteles는 도덕 덕목도 예술과 유사하게 자기 충족적이라고 생각했다. 도덕 덕목은 남자와 여자가 잘 살아갈 수 있게 해주지만, 결과적으로 항상 세속적 성공 같은 목표를 낳는 것은 아니다. 고결하게 사는 일은 우리가 강건하고 만족스러운 존재가 되도록 도와줄 수는 있지만, 우리의 삶을 보증하지는 않는다. 살해당한 수많은 희생자의 친구와 가족은 희생자들을 다정했고, 명랑했고, 장래가 촉망됐고, 친구들에 둘러싸여 있었으며, 타인을 위해 무엇이든 할 준비가 되어 있었던 사람으로 묘사한다. 그런 사람들은 밤에 조심하며 걸어야 한다. 활기찬 공감범과 건강한 사기꾼이 많은 것만큼이나 주위에는 성질 나쁜 도덕주의자들도 많다. 정의를 추구하는 사람들은 그들의 고통스러운 노력으로 인해 살해되거나 수감될 수 있다. 순수라는 형태 안에 있는 선량함은 당신을 타인들의 먹잇감으로 만들어버릴 수 있다. 약한 동물을 이용해 먹는 세계에서 취약성과 미덕을 구분하는 일은 언제나 쉽지 않다. '미덕'이라는 단어가 인상적이면서도 동시에 뭔가 예스럽다는 느낌을 주는 이유가 여기에 있다.

유의미한 행동은 대개 무의미한 일들 때문에 일어나곤 한다. 떠오르는 생각을 자신의 노트에 기록하는 여학생은 더 나은 에세이를 쓰게 될지 모르기 때문에 그렇게 한다. 더 나은 에세이를 쓰는 일은 더 높은 학점으로 학위를 따는 일을 의미할 수 있고, 더 높은 학점으로 학위를 따는 일은 더 많은 급여를 받는 직업을 보장해줄 수도 있다. 더 많은 돈이 있다면 그녀는 카리브해에서 휴가를 보내고, 극장에 가고, 친구들과 저녁을 먹고, 대체로 더 풍요롭고 만족스러운 삶을 살아갈 수 있다. 그런데 그녀는 왜 그런 삶을 원해야 하는가? 이 질문에 대한 실로 명쾌한 답은 없다. 답은 어느 곳에선가 바닥을 드러낼 수밖에 없다.

몇 년 전에 뉴올리언스 시 당국은 몇몇 거리에 그리스신화에 등장하는 인물 이름을 붙인 것처럼, 도시 전차도 동일하게 이름을 붙이기로 결정했다. 그래서 당국은 어느 전차에 '클리오Clio'라는 이름을 붙였다. 어떤 주민들은 그 이름을 'C.L.10'라고 읽었다. 그들은 전차의 이름이 장식적이기보다는 기능적이기를 기대했던 것이다. 장식이란 단순한 필요를 채운 후에 남은 것들이라는 의미로, 우리가 '문화'에 부여하는 의미 중 하나다. 아이를 낳으면 이름을 지어주어야 하지만, 그 아이를 '플라센타Placenta'(태반)라고 부를 필요는 없다. 두개골을 보호하려면 머리카락이 필요하지만, 그 머리카락을 꼭 자주색으로 염색해야 할 필요는 없다. 하지만 과잉의 필요가 그 자체로 필요한 것일 수도 있다. 이에 대한 가장 면밀한 탐구는《리어

왕*King Lear*》이다. 가령 농담이나 녹색의 술 샤르트뢰즈*처럼 유용성을 뛰어넘어 실용적 면이 전혀 없는 것들에 기뻐하는 것도 우리 본성이다. '남아돈다superfluous'는 것이 반드시 '무가치한worthless' 것을 의미하지는 않는다. 반대로 대체로 생물학적으로 필수 요소라 여겨지는 것이 삶을 가치 있게 만드는 것도 아니다. 음식물은 생물학적으로 필수적이고, 분명 어떤 이들에게는 삶을 가치 있게 만들어주는 부분이지만, 사실 전해오는 거의 모든 음식물은 사람을 살아 있을 수 있도록 하는 것에 지나지 않는다. 생물학적으로 살아남으려면 10층 창문에서 몸을 던지지 않아야 하지만, 몸을 던지지 않는 일 자체가 삶에 의미를 부여하는 건 아니다. 살아 있다는 것은 분명 소중한 일이지만 투신해 죽지 않았다는 사실이 가장 소중하다고 여긴다면 그처럼 암울한 일은 없을 것이다. 하지만 어떤 필수품들은 인간의 모든 문화에 보편적이지만(음식, 잠, 주거지), 그렇지 않은 것도 있다는 점에 주목해야 한다. 맨해튼은 횡단보도를 필요로 하지만, 칼라하리사막에서는 횡단보도가 필요 없다. 당신에게는 필수불가결한 것이 내게는 그렇지 않을 수도 있다. 대부분의 사람에게는 생존을 위해 전용 비행기가 필수적이지 않지만, 마돈나에게는 필수적일 수도 있는 것이다.

---

* 11세기 프랑스의 샤르트뢰즈 수도원 수도사들이 처음 만들었다고 전해지는 술이다. 알프스 산중의 130여 가지 약초를 배합하고 다섯 번의 추출과 네 번의 증류를 거쳐 만들어 원기 회복과 중병 치료 등에 쓰였다는 신비로운 영약주다. 녹색과 황색의 두 종류가 있다.

* * *

'문명'이라는 단어는 인간이 만들어낸 세상을 가리킨다. 문명은 자연에서 시작해 인간을 둘러싼 환경의 거의 모든 것에서 인간 자신의 모습을 보게 되는 지점까지 가는 것을 포함한다. 이전 시대의 삶은 전반적으로 자연이 지배하던 형태였던데 반해, 이제는 인간이 만든 것에 둘러싸인 이런 방식의 환경이 얼마나 새로운지조차 재인식하기 어렵다. 이러한 집단적 나르시시즘에서 벗어날 필요야말로 최근 들어 자연이 극적으로 귀환하게 된 하나의 이유다. 우리가 만나는 거의 모든 것이 우리 손에서 나오는 세상은, 초월성이 사라져버린 곳처럼 보일 것이다. 그 세상에서 현실은 초월 대신 그저 우리의 필요와 우리가 가진 힘에 대해 말한다. 서구 문명의 핵심 테마 하나가 과거부터 현재까지 욕망인 이유는 아마 이 때문이리라. 욕망은 초월성의 세속화된 판본으로 보일 수 있다. 파우스트 박사 이야기가 서양 신화 속에서 그토록 크게 두드러지는 것도 우연이 아니다. 욕망은 결핍으로 존재를 뒤덮고, 주어진 것을 넘어 손아귀를 벗어나는 모든 것을 향하도록 우리에게 박차를 가하면서, 인간을 구멍 난 존재로 만든다. 이런 의미에서, 욕망은 문명화된 존재를 움직이는 원동력 자체라고 볼 수 있다.

우리는 욕망이 갈구하는 다양한 물건을 그려볼 수 있지만, 욕망 그 자체가 욕망의 재현보다 더 깊숙하게 움직인다. 욕망이 우리 존재의 핵심에 놓여 있다면, 또한 구제불능의 다른 자아 안에 있다는 것을 의미하기도 한다. 정신분석 이론에서 욕망은 대체로 우리를 만들어낸 원료지만, 우리에게 특별히 신경을 쓰지도 않고 우리의 안녕을 위하는 다정함은 확실히 갖고 있지 않다. 반대로 욕망은 달빛만큼이나 비인격적이다. 언제나 쟁취할 보상들이 남아 있기에 욕망은 일종의 무한성을 의미하는데, 이를 뜻하는 역사적 명칭 하나가 바로 진보다. 초월성은 이제 천국이 아니라 미래에 있다. 미래는 끝없이 이어지므로, 욕망은 문학 정전과 정치제도를 괴로운 일로 만들면서 끝없는 불만족을 이끌어내게 된다. 욕망, 그것은 우리 성취의 핵심부에 깃든 오류, 우리 존재의 과오, 우리 정신의 무연고성을 의미한다. 만약 프로이트를 신뢰할 수 있다면, 진정으로 욕망을 만족시킬 수 있는 유일한 대상은 죽음뿐이다. 루소가 문명의 고질적인 통제불능적 성격을 그토록 혐오스럽게 바라봤던 이유는 바로 이 때문이다.

비록 개념 자체는 자연에서 비롯되었지만, 문화 역시 인간이 만든 것이다. 문화는 쟁기 날을 의미하는 'coulter'(풀 베는 날)와 관련되듯이 'agriculture'(농업)라는 단어와도 관련성을 가진다. 문화의 가장 오래된 뜻 중 하나는 자연적 성장을 관리하는 일 혹은 'husbandry'(농작)이다. 그렇다면 우리가 인간 활동 중 가장 고상하고 세련된 부분에 붙인 용어가 미천한 시골에 뿌리를 두고 있는 셈이다. 문화는 농촌에서의 일상 노동에 대한 암시에서 시작해, 인간 정신이 만든 최상의 과실들을 의미한다. 문화는 단장하고 양성하는 일이다. 모든 노동이 그렇듯, 문화는 원재료를 다시 다듬는 것이다. 하지만 자연스러운 성장을 관리하는 일은 자발성 개념을 가지고 형상을 만들어낸다는 생각과도 통한다. 여기에서 논하는 성장은 자연스러운 것으로, 인간 자신이 만드는 것은 아니지만, 조절되고 개량되어야 할 필요가 있는 것이다. 문화는 작용 주체agency를 포함하기도 하지만, 동시에 대상에 대한 어떤 수용성receptiveness으로, 그 대상에 무언가 의미 있는 형식을 부여하려고 노력하는 당신을 안내하기도 한다. 어떤 문화 현상이 얼마나 의식적인지 혹은 무의식적인지 분명하지 않은 것은 이 때문인데, 이 문제에 대해서는 추후에 다시 다루게 될 것이다.

세계뿐 아니라 우리 자신도 다시 주조되어야 할 필요가 있으니, 이 과정을 나타내는 핵심적인 독일어 용어가 바로 '교양bildung'이다. 인간은 자신을 관리하고, 자신에게 형상을 부여하며, 자신에게 있는 타고난 자질을 풍부하고 희귀한 어떤 것으로 만들어낼 필요가 있다. 문화는 총체성의 문제지만, 자기 수양은 자기 분할의 형태, 즉 한 신체 안에 예술가와 예술품이 동시에 들어 있는 형태를 포함한다. 이 이론에 따르면, 자신이라는 개념은 전적으로 우리 자신의 것으로, 그 안에 담긴 역량 하나하나를 최대한으로 발전시키는 것이 우리의 도덕적 의무가 된다. 마치 귀중한 어린 새가 유품으로 남겨졌을 때 이 어린 새를 성숙한 새로 길러내는 일이 우리의 성스러운 의무가 되는 것과 같다. 인간 존재의 목표는 자기실현이다. 자기 자신이란 하나의 기획이고, 맡겨진 과업이며, 진행 중인 작업이다. 하지만 그것이 배추 포기를 재배하듯 집중적으로 다뤄야 하는 일이라면, 자신의 자연적 조건에 뭔가 불완전한 것이 있음을 말해주는 것 아닐까? 아마도 자연 상태 그대로의 자신이 놀랄 만큼 불완전한 것이라는 생각이 암묵적으로 퍼져 있는 것 같은데, 이런 경우라면 문화라는 관념 아래에 걱정스러울 정도로 어두운 의미가 숨어 있을 수 있다. 우리가 작업해야만 하는 원재료가 치명적인 결함을 가진 것일 수도 있다는 뜻이다. 그 상태 그대로 놓아둔다면 자연은 우리를 구원할 수 없다. 자연이 재생하는 힘뿐 아니라 파괴하는 힘도 품고 있음을 고려할 때, 문화의 문제 중 하나는 재생력을 축소하지 않으면서 파괴력을 제거하는 방법에 대한 것이다. 문화는 자연적인 것의 활력과 생기를 보존하면서도 그것의 파괴성을 억제해야만 한다. 전형적인 예가 바로 예술 작품이다. 예술 작품은 형식의 통일성 안에 내용의 활력을 포함함으로써, 규율과 자발성을 융합한다. 낭만주의 이론에서 예술 작품의 활력 있는 에너지는 그것의 형식적 제약을 항상 넘어서려는 찰나에 있지만, 어떤 재치 혹은 과묵함이라는 기적의 효과로 항상 바로 그 지점에서 제지된다. 아마도 삶의 형식이라는 의미에서의 문화는 예술이라는 의미에서의 문화를 모델로 삼아야만 할 것이다. 인간 존재의 의미는 자신을 예술 작품으로 변화시키는 것일지도 모른다. 나중에 살펴보겠지만, 오스카 와일드는 확실히 그렇게 생각했다.

우리가 스스로 향상할 '수 있다'는 말은 우리 자신 내부에 창조적 힘이 있다는 것을 암시하며, 우리가 스스로 향상할 '필요가 있다'는 말은 그보다는 덜 낙관적인 이야기를 함축한다. 따라서 문화는 세속에 나타난 신성한 은총의 형태를 띤다. 기독교인들에게 은총이 열려 있듯이 인간 본성도 그것을 환대하며, 따라서 완전히 타락해 있지는 않다. 하지만 스스로 채우고 초월하기 위해서 본성은 문화(혹은 은총)를 필요로 한다. 그리고 결코 (선천적) 본성nature에 (후천적) 양육nurture이 담기지 못하는 이들이 언제나 존재하는데, 셰익스피어William Shakespeare의 《템페스트 *The Tempest*》에 나오는 자비로운 인물 프로스페로는 추악하고 무도한 칼리반을 그런 사람이라고 보았다. 사람의 본성이 생래적으로 문화나 은총에 열려 있다는 말은 이 너그러운 관용성이 당연히 당신에게도 주어져 있음을 의미하지는 않는다. 갱생의 여지가 없는 완고한 이런 유형 중 하나가 19세기의 노동계급이었으며, 나중에 이를 다시 살펴볼 것이다.

2.

포스트모던의 편견들

일부 포스트모던 사상가들은 다수 문화의 번창을 사실이자 중요하다고 받아들인다. 이런 관점에서 다양한 생활 형태life-forms의 존재는—게이 문화, 패션쇼 문화, 가라오케 문화에서부터 시크교도 문화, 풍자 문화와 폭주족 문화에 이르기까지—그 자체로 축하할 만한 이유가 된다. 하지만 이는 분명한 오류다. 사실 이것은 오늘날 이 주제를 검색하면 등장하는 형식적인 말들의 전형에 지나지 않는다. 일단 다양성은 위계와 완벽하게 공존한다. 게다가 폭주족 문화가 갈채받을 만한 문화는 결코 아니다. 어쨌든 다양성이 그 자체로 가치가 있지는 않다. 하나만 있는 것보다는 50개가 있는 게 바람직하다는 주장은 그 자체로 증명되지 않는다. 예를 들어 네오파시스트당에 관한 한 그 주장은 분명히 진실이 아니다. 아침 식사용 시리얼 브랜드가 6,000개나 있어야 할 필요는 없다. 독점규제위원회를 오직 하나만 두어야 한다는 말은 비논리적으로 들릴 수도 있겠지만, 그런 조직이 하나 이상 있다면 혼란스러워질 것이다. 각기 다른 400개의 가명을 쓰는 건 아마 좋은 생각이 아닐 것이다. 생물학적 어머니를 한 명 이상 갖거나, 귀를 한 쌍 이상 갖는 건 불가능한데, 이런 불가능성은 비극은 고사하고 단점조차 아니다. 배우자가 아주 다양하다면 때때로 유별난 문제들이 생겨날 개연성이 높다. 마찬가지로 독재자들이 열을 지어야 할 정도로 많다고 해서 썩 좋은 흐름이 생겨날리는 없다. 다양성이 아니라 연대가 필요할 때가 있는 것이다. 남아프리카공화국의 인종차별정책을 무릎 꿇린 것은 다양성이 아니었고, 동유럽의 신新스탈린주의 정권들을 실각시킨 것은 다원성이 아니었다. 물론 모든 연대가 다 긍정적이지는 않다. 그러나 포스트모더니즘에는 연대 개념에 대한 열정이 부족하고 더불어 통합의 모든 형태를 '본질주의적'이라고 여기는 미숙한 추정이 있는데, 이는 바로 포스트모더니즘에 탈혁명적post-revolutionary* 성격이 있다는 분명한 표지다. 종족이라는 면에서 말한다면 다양성은 긍정적인 가치관이다. 그러나 그렇다고 해서 소비주의 이데올로기 속에서 다양성이 하는 역할을 간과해서는 안 된다.

포스트모던의 다원성 사도들은 다원성의 개념에 대해 더욱더 다원적이어야 할 필요가 있다. 그들은 실제 내용이 무엇이든 언제나 그리고 어디서나 다원성이 극찬되어야 한다는 형식주의적 도그마를 포기해야만 한다. 그렇게 한다면, 그들은

---

* 'post-revolutionary'라는 말은 축자적으로 '혁명 이후'를 뜻하는데, 이는 단순하게 혁명 '이후'를 넘어 혁명의 '불가능성', 나아가 혁명을 아예 상정하지 않는 '탈혁명적' 태도를 의미한다.

더욱더 실용주의적인 태도로 차이와 다양성이 때로는 유익하고 때로는 그렇지 않다는 점을 인지하게 될 수도 있다. 몇 년 전 어느 미국인 포스트모더니스트는 수천 에이커가 훨씬 넘는 토지를 소유한 새로운 귀족 집단이 형성되면 확실한 이익이 될 것처럼 가정하고 사회계급을 다양화할 필요성에 대해 글을 쓴 적이 있다. 그런 사상가들에게 진정한 돌파구는 차이가 맥락에 따라 달라질 수 있음을 인정하는 것뿐 아니라 다양성에 대해 더 다양해지는 것이다. 이런 사람들은 또한 그들 대부분이 조금도 거리낌 없이 긍정하는 경향이 있는 타자성otherness 개념이 항상 절대적으로 옳은 것은 아님을 인정하려고 노력해야 한다. 타자성의 일부 형태는 존경받아야 하지만, 다른 것들(예컨대 당신이 사는 공영 주택단지를 침범하는 약탈적 마약상 무리 같은)은 그렇지 않다. 타자에게서 가끔 공포를 느낀다고 해서 그것을 결코 비합리적이라고 할 수는 없다. 그/그녀의 의도가 우호적인지 적대적인지를 알아내려면 더 기다려야 할 수도 있다. 낯선 사람들을 언제나 가슴에 품어줘야 한다고 상상하는 이들은 감상주의자들뿐이다. 그 낯선 사람 중에는 식민주의자들도 있는 것이다.

문화이론가 대부분은 생활 형태의 다원성을 믿을 뿐만 아니라 생활 형태의 혼종적 혼합물도 믿는다. 혼종성hybridity은 종족의 문제에서는 탐구할 가치가 있을 것이나, 보편적으로 그렇지는 않다. 자코뱅주의자, 사이코패스, UFO광, 제7일 안식일 예수재림파들이 정치조직을 만든다고 해가 될 건 없다. 그들 조직은 어떤 것도 성취할 수 없기 때문이다. 마르크스가 지적하듯이, 인간 역사 중 그 어떤 생산양식도 자본주의만큼 혼종적이고 포괄적이며 이종혼합적이었던 것이 없었다. 자본주의는 경계를 부식시키고, 양극을 무너뜨리며, 고정된 범주를 뒤섞고, 생활 형태의 다양성을 잡다하게 버무린다. 상품보다 더 관대하고 포용적인 것은 없다. 상품은 살 수단을 가지고만 있다면 지위, 계급, 인종, 성별의 구별을 혐오하면서 누구에게나 바싹 파고들기 때문이다. 자본주의는 문화연구만큼이나 계층의 적이다. 자본주의는 자신을 포함한 바로 그 틀을 갉아먹을 수 있는 정치적 태도를 가진 사람들만 제외하고 모두를 포함한다. 영국에서는 사적 의료서비스를 공적 의료보장과 혼합해 국민건강보험NHS을 혼종화하려는 조치들이 있었다. 최고의 혼종성 그 자체가 좋은 것이라고 믿는 옹호자들은 그런 기획을 받아들인다. 미국 공화당은 자유주의적 공화당원들과 보수주의적인 티파티 회원들을 함께 포함하고 있는 혼종적 조직인데, 이는 차이와 다양성을 의문의 여지 없는 장점으로 여기는 이들에게 환영할 만한 사실임에 틀림없다. 버락 오바마Barack Obama 대통령이 무슬림 동포단Muslim Brotherhood의 일원이고 알카에다가 미 중앙정보부 소속이라고 믿는 공화당원들이 없다면, 공화당 구성은 더욱더 황량하고 단조로울 것이다.

모든 획일성이 다 치명적인 것은 아니다. 마찬가지로 모든 단일성이나 의견 일치가 '본질주의'로 악마화될 일도 아니다. 반대로 단일성이나 의견 일치가 훨씬 더 많을수록 전적으로 환영받을 수도 있다. 하나의 세계를 구성하기 위해 모든 종류의 의견이 필요하다는 말은 옳다. 그러나 이 모든 종류의 의견이 한목소리로 아동 매춘의 폐지를 요구하는 일은 바람직하며, 알라신의 이름으로 죄 없는 시민들을 참수하는 일이 유토피아의 길로 이끄는 가장 확실한 방법이 아니라고 주장하는 일 또한 바람직하다. 그런 문제들에서 우리는 각양각색이 아니라 만장일치를 필요로 한다. 다른 여러 속담만큼이나 옳은 영국의 어느 속담은 우리 모두가 똑같이 생각한다면 이 세계가 얼마나 우스꽝스럽겠느냐고 말한다. 만약 모두가 사형제를 반대한다면 세계가 지금보다 조금 더 지루해질 것임에 틀림없으나, 그 지루함은 넘쳐나는 시체의 수를 줄이는 데 치르는 값 치고는 작을 것이다. 연대가 반드시 차이를 폐기해야 한다는 의미는 아니다. 그러나 일부 차이는 폐기할 가치가 있는데, 예를 들면 거지와 은행가 사이의 물질적 불평등 같은 것이다.

또 그다지 좋은 다양성의 사례는 아니지만, 이민자를 환영해야 한다고 믿는 사람이 있는 반면, 그들이 탄 보트에 조준 사격을 퍼부어 침몰시켜야 한다고 믿는 사람이 있는 것처럼 서로 다른 관점을 지닌 사람들이 있다. 다른 관점은 단지 그것이 다르다는 이유로 존중되지 않는다. 복장도착자들을 악어에게 먹이로 주어야 한다고 주장하는 사람들이 자신들의 의견이 강력히 거부된다는 데에서 '학대받는다'(이 단어는 포스트모던의 핵심 용어다)고 느낀다면, 어쩔 수 없는 일이다. 어떤 의견은 누군가가 그런 의견을 갖고 있다는 이유만으로 가치 없다 여겨진다. 어떤 역겨운 관점이라도 덜하거나 더하거나에 상관없이 생각만 할 수 있다면, 어디에선가 누군가는 그런 관점을 갖고 있기 마련이다. 넬슨 만델라Nelson Mandela가 악의 화신이었다고 믿는 우파 아프리카너*들도 있기 때문이다.

그루초 막스Groucho Marx는 자신과 비슷한 사람들이 활동하는 클럽에는 가입하고 싶지 않을 거라는 유명한 말을 했는데, 전쟁 범죄자들이 운영하는 클럽에 가입하기를 열망하는 사람 역시 없을 것이다. 배타성exclusivity의 원칙에는 잘못된 것이 전혀 없다. 여성들의 운전을 금지하는 일은 혐오스럽지만, 신나치당원을 교사직에서 배제하는 일은 그렇지 않다. 문화연구 담론은 그 자체가 놀랄 만큼 배타적으로, 대체로 섹슈얼리티는 다루지만 사회주의는 다루지 않고, 위반은 다루지만 혁명은 다루지 않는다. 차이는 다루지만 정의는 다루지 않고, 정체성은 다루지만 빈곤의 문화는 다루지 않는다. 정치적으로 올바른 학생들은 인종주의자와 동성애 혐오자가 대학에서 발언하는 것을 금지하는 데 전력을 기울이지만, 저임금노동 착취자들이나 노조 폐기론을 주창하는 정치인들에 대해서는 별달리 힘을 쏟지 않는다. 정치적 올바름을 주창하는 자발적 검열자들은 주변성을 찬양하지만, 지금 주변부에 있는 몇몇 부류는 반드시 주변부에 머물러야 한다는 점은 알아차리지 못한다. 이러한 주변부적 존재로서 두드러지는 이들이 연쇄살인자들이나 정신병적 사이비 종교집단 지도자들이다. 또 다른 주변부적 존재로서 가치 없을 뿐 아니라 정열을 기울여 뿌리 뽑

---

* Afrikaner. 남부 아프리카에 사는 네덜란드계 백인들을 의미한다. 가장 많은 수가 남아프리카공화국에 거주한다.

아야 할 삶의 형태들이 있기 마련인데, 예를 들자면 소아성애자 집단이나 여자들을 성노예로 매매하는 남자들이다. 또한 모든 소수자를 애정으로 포용해야 하는 건 아니다. 지배계급도 이런 소수자의 일부로, 타인을 조금씩 베어 저녁식사로 요리해먹는 걸 즐기는 이들만큼이나 소수자들이다. 주변부와 소수자들에 대한 무비판적 긍정은 보통 다수자들과 합의에 대한 의심에서 나온다. 왜냐하면 포스트모더니즘은 아직 역사가 너무 짧아 대중 정치운동이 어떤 주변부나 소수자들보다도 훨씬 더 강력하게 국가를 뒤흔들 역량이 있음을 증명한 때가 없기 때문이다. 포스트모더니즘은 그 자신의 정치적 역사가 혹은 오히려 정치적 역사 부재가 정치적 관점을 얼마나 깊이 형성하는지 알지 못하는 경향이 있다.

　다원성, 차이, 다양성, 주변성에 대한 관심은 귀중한 성과들을 만들어냈다. 그러나 더 물질적인 다양한 이슈에서 관심을 돌리게 하는 역할을 하기도 했다. 실제로 어떤 영역에서 문화는 자본주의를 말하지 않는 방식이 되었다. 자본주의 사회는 시민들 전체를 고철더미처럼 다루지만, 그들의 신념을 공격하지 않는 데 있어서는 절묘할 정도로 세심하다. 문화적으로 말하면 우리 모두는 동일하게 존중받는 반면, 경제적으로 말하면 푸드뱅크 이용자와 투자은행 이용자 사이의 격차는 그 어느 때보다도 커졌다. 포용성을 무조건적으로 맹신하면 이런 물질적 차이를 알아차리지 못하게 된다. 원하는 대로 옷을 입고, 숭배하고, 사랑을 나눌 권리는 존중받지만, 제대로 된 임금을 받을 권리는 부정된다. 문화는 위계를 거부하지만,

교육 시스템은 위계로 가득하다. 잉글랜드 북부 지방에 위치한 요크셔 억양으로 발음한다고 해서 텔레비전 뉴스 앵커가 되는 데 장애가 되는 건 아니지만, 트로츠키주의자라는 점은 장애물로 작용한다. 공공연하게 소수민족을 모욕하는 일은 불법 행위지만, 가난한 이들을 모욕하는 일은 그렇지 않다. 성인 남녀는 혈연관계가 아닌 누구와도 자유롭게 잠자리를 가질 수 있지만, 국가의 존립을 해치는 일은 자유롭게 할 수 없다. 성적인 실험을 하는 이들은 대도시 자유주의자들에게 관용의 대상이지만, 파업 참가자들은 의심의 대상이 된다. 차이는 환영할 만한 일이지만, 열렬한 갈등은 환영받지 못한다. 누구도 타인에게 뭔가를 하라고 지시할 권리를 갖지 못하지만, 탈세자들은 그런 태도를 대단히 편리하게 이용한다.

문화적 다양성을 칭송하지만 거기에 드는 비용이 얼마나 많은지 생각하지 않는 것은 솔직하지 못하다. 만약 지구가 게이 말레이시아인으로만 가득하다면, 이성애자 말레이시아인들은 별난odd* 속성을 갖게 되고 거리의 볼거리로 전락할 것이며, 분명 지구는 더 단조로운 곳이 될 것이다. 그러나 또한 지구가 덜 폭력적인 곳이 되리라는 점도 거의 확실하다. 골딩의 《파리대왕》에서 무인도에 조난당한 학생들이 파당을 이루어 서로 적대하게 되는 것만큼 게이 말레이시아인들도 분

---

* 'odd'라는 단어는 유사한 단어인 'queer'와 마찬가지로 이성애자가 동성애자를 가리키며 쓰는 일종의 혐오 표현이다. 동성애자 운동이 생겨나면서 'odd'나 'queer'는 자신의 성 정체성에 자부심을 가지면서 동성애자들이 스스로를 지칭하며 전용한 단어가 되었다.

명 빠르게 서로 적대하는 파당으로 쪼개지게 될 것이다. 단일성은 고요한 삶을 보장하지 않는다. 그러나 뒤따르는 갈등은 지금껏 인간사의 배경 음악이었던 자르기와 찌르기 소리에 비하면 아무것도 아닐 텐데, 이 소리에 대해 민족적, 국가적, 문화적 적대는 다소간 책임이 있다. 시인 제라드 맨리 홉킨스Gerard Manley Hopkins는 얼룩덜룩하고 아롱거리는 것이 사물의 본성이라고 부르며 칭송하지만, 그것의 어두운 이면을 다루는 데는 실패하고 만다.

　"사물들의 다양한 취기the drunkenness of things being various"*라는 루이스 맥니스Louis MacNeice의 시구는 결코 비웃으면 안 된다. 그러나 이를 절대화해서도 안 된다. 차이 개념과 혼종성 개념은 갈등을 분산하는 경향이 있어서 문제인데, 만약 불쾌한 종류의 차이가 극복될 수 있다면 갈등은 필수적일 수도 있다. 암갈색과 주홍색은 다르지만 그렇다고 해서 서로 다투지 않는다. 록rock이 한물갔는지의 여부를 두고 논할 때 만약 당신은 음악의 한 방식을, 나는 사탕의 한 유형을 생각하고 있다면, 부딪힐 일은 없을 것이다. 문화이론은 혼종성과 다원성으로부터 고통을 몰아내버릴 위험성을 갖고 있다. 혼종성과 다원성의 천사 같은 측면에 주목하지만 악마 같은 면들에는 주목하지 않는 것이다. 여러 언어가 사용되는 카페에서 외국에서 온 동료들과 어울리면서 더욱 범세계주의적인 스타일을 추구하기 위해 모국을 배척했던 모더니스트 예술가들은 문화

---

*　아일랜드 시인 루이스 맥니스의 시 〈눈The Snow〉의 한 구절이다.

이론을 매혹적인 해방이라 여겼다. 그러나 문화이론은 그들이 뿌리 뽑히고, 향수병을 앓고, 불행함을 의미할 수도 있다. 모든 인간은 살아가는 데 적정한 정도의 정체성과 안정성을 꼭 필요로 한다. 질 들뢰즈Gilles Deleuze가 무엇을 상상했든지 간에, 영원한 방향 상실은 정치가 아니다.

* * *

이 끝에서 저 끝까지 온통 문화로 뒤덮인 듯 보이는 사회체제에 대한 반응으로, 일부 포스트모던 이론가들은 1980년대 이래로 인간사를 오로지 문화로만 설명하는 문화주의라는 신조를 수용하기 시작했다.[1] 아이러니하게도, 환경주의가 별안간 세상에 등장하고 있던 바로 그 순간, 자연에 대한 모든 이야기는 끔찍이도 수상쩍은 것으로 여겨지게 되었다. 포스트모던 텍스트에서 '자연'이라는 단어가 등장할 때면 언제나 겁먹은 인용문을 사용해, 부끄러운 듯 가린 형태로 나타났다. 인간은 더 이상 하나의 종으로 공통적인 필요와 능력을 가진 자연적이고 물질적인 동물이라고 여겨지지 않았고, 대신 시종일관 문화적인 동물로만 파악되었다. 인간이 공유한 필수적 특징들을 공통 인간성으로 나타내는 일은 겉만 그럴싸한 보편성이라는 이름으로 문화적 차이를 억누르는 일이었던 것이다. 경제적이고 정치적인 이슈들도 문화적인 이슈라는 프레임 속에 다시 배치되었다. 자연과 본질이라는 단어들은 사라져야만 했는데, 왜냐하면 이런 개념들이 사물을 불변의 형태로 동결해버린다고 잘못 받아들여졌기 때문이다. 반본질주의라는 신조는 본질상 급진적인 것으로 칭송되었지만 사실은 다수의 열렬한 반좌파 사상가들의 작업 속에서 찾아낼 수 있었다.

변화는 그 자체만으로도 긍정적인 것으로 추정되어, 마치 자신의 아이를 낡아빠진 포드 자동차와 맞바꾼다 해도 축하할 일인 것 같았다. 선진 자본주의의 환경 속에서 모든 것은 가소성, 일시성, 변동성, 가단성可鍛性, 처치가능성을 가지게 된다. 그리고 놀랍게도 문화는 자연보다 훨씬 더 유연한 것으로 인식되었다. 편리하게도 문화가 지닌 그 강력한 완고함—성차별주의를 뿌리 뽑는 것보다 산을 옮기는 게 훨씬 더 쉽다는 사실—은 무시되었던 것이다. 특정 문화적 습관이 지닌 무딘 고집은 한쪽으로 치워졌다. 이런 분위기에서는, 인간에게 이미 주어진 육체처럼 순전하게 주어진 것이라면 무엇이나 추문처럼 보이기 마련이다. 인간의 육체는 이제 훈육, 체벌, 장식, 기입, 변형을 가능케 하는 원료가 되었다. 서구의 문화주의 헤게모니에 얼마간 저항했던 지역들이 있기는 했으나 이들마저도 지구상을 휩쓴 이 강력한 지배자, 이 이념을 더욱 만족시키는 쪽으로 돌아섰다.

유혈, 몽블랑 만년필, 간부전으로 인한 사망을 포함해 세상 모든 것이 문화적이라는 편견은 전반적으로 문화 상대주의와 쌍을 이루고 있음을 의미한다. 문화 상대주의는 보편적인 진리나 가치의 존재는 아무것도 인정하지 않는다. 대신, 문화 상대주의의 모든 주장은 도덕적 주장을 포함해 어떤 특정한 삶의 형태와 관련되어 있다. 이 주장 자체가 문화적으로 상대적인지 아닌지의 여부를 가려내기란 결코 쉽지 않다. 문화 상대주의의 일반적 생각은 예컨대 사람의 머리를 모으는 사람사냥꾼 종족을 비난하기보다는 그들의 행위를 문화적 맥락 속에 놓고 이해해보려 해야 한다는 것이다. 그러나 사건을 맥락 속에 놓는 일은 사건에 대한 반대를 경감하는 게 아니라 강화할 수도 있다. 게다가 만약 어떤 행위가 문화적 맥락 속에서 바라보았을 때 수용 가능한 것이라면 이는 반드시 우리 자신의 행동에도 적용되어야만 한다. 다른 민족을 식민화하고, 전지구적 전쟁을 일으키며, 지구를 오염시키는 일은 우리 서구인들이 매번 하는 일이다. 우리 서구인들은 다른 인민들의 나라를 침략하는 아주 오래된 문화 전통을 갖고 있다. 일부 급진주의자들은 이를 부당하게 여기는 것처럼 보이지만, 그런 좌파들 다수 또한 객관적 진실의 개념을 억압적인 권력의 술책이라고 여김에 따라 아주 진지하게 침략 행위에 반대해 저항해야 할 긴급한 필요성이 사라진다. 이와 유사하게, 남자들과 여자들이 쇠사슬에 묶여 아프리카에서 아메리카로 이송된 적이 있었다는 주장이 억압적 권력의 술책이라는 '사실'에 부합한다고 상상할 만큼 우리가 인식론적으로 순진할 리가 없다. 또한, 노예무역을 끔찍하게 여기는 사람들이 노예무역의 희생자들 또한 거의 마찬가지로 끔찍하다고 느끼리라고 상정하는 경향이 있음을 주목할 가치가 있다. 그러나 왜 그들이 이런 방식으로, 매우 다른 가치 척도를 가진 개인들에게 자기들의 감정을 무례하게 투사하면서, 자신들의 확신을 우쭐대며 보편화해야 한다는 말인가? 다른 문화권의 사람들이 납치당해 죽어라고 노동만 하는 것을 사실 즐기고 있을 수도 있다는 가능성을 우리가 진정 배제할 수 있는가? 이런 가설을 너무나 빨리 묵살함으로써 우리는 차이를 짓누르고, 보편적 인간 본성을 상정하는 것은 아닌가?

우리가 이전 식민지 종속민 중 일부에게 때때로 다양한 악행을 가했던 것으로 보일 수 있지만, 특별히 뻔뻔스러운 문화 상대주의자라면 그 역시 종속민들 자신의 관점에서 볼 때에만 그런 것이라고 주장할 수도 있겠다. 즉 식민지 지배자들의 악행은 피식민지인들의 문화에 비추어보았을 때 조건화한 의견으로, 다른 수많은 관점보다 더 중요하다고 할 수 없다. 그러므로 이전 식민지 지배자들인 우리는 그런 의견을 마음껏 거부할 자유가 있다고 하는 것이다. 종속민들의 이야기는 단지 그들 입장에 지나지 않는다. 중립성, 사심 없음, 객관성은 모두 이데올로기적 환상으로 여겨지기에, 그들의 침울한 서사와 우리의 제국주의적 영광의 이야기 사이에서 어떤 판단을 내리는 데 쓰일 중립적인 근거 역시 확실히 없는 것이다. 고로 우리가 다른 민족을 질책할 수 없는 것처럼 그들도 우리를 비난할 수 없다. 게다가 타문화에 뭔가를 해야 한다거나 하지 말아야 한다고 말하는 일은 종족 우월주의의 전형적인 사례다. 진리란 그저 어떤 집단이나 개인이 옳다고 믿는 것, 즉 자신들이 처한 특정한 관점에서 이치에 맞는 것일 따름이다. 어떤 이들은 노예제가 인류에 대한 범죄라고 주장하는 반면, 다른 이들은 노예는 자기 자신 외에는 그 누구도 비난할 수 없다고 고집할 때, 어떤 신성한 권리에 의해 이 두 의견의 가부를 판단할 수 있단 말인가? 판단을 위해서 우리는 절대적 진실이라는 어떤 가상의 관점에 의지할 필요가 있지 않을까? 성가시게 하는 갓난아기가 달갑지 않음을 확신하게 만드는 유일한 방법은 분명 전지적 관점인 것이다! 크렘린의 어느 텔레비전 채널을 운영하는 러시아인인 마르가리타 시모냔Margarita Simonyan은 진실이란 것은 존재하지 않으며 오직 다양한 서사들과 해석들만 존재한다고 주장해왔다. 블라디미르 푸틴Vladimir Putin이 그의 정적들을 살해하는 습관을 가지고 있다는 점은 흥미진진한 서사 소재가 될 테지만, 그것을 진실로 잘못 받아들일 정도의 인식론적 순진함을 가져서는 안 되는 법이다. 러시아 같은 나라에서 반대 의견은 폭력적으로 억압될 수 있겠으나 분명 '객관적으로' 억압될 수는 없는 것이다.

문화 상대주의는 아주 믿기 어려운 지점에 위치한다. 오직 인종주의자들만이 (말레이제도의) 보르네오에서는 강간과 살인이 괜찮지만 (영국의) 브라이턴에서는 안 된다고 믿는다. 어떤 관점이 다른 것들보다 더 낫거나 더 진실하다는 입장을 고수한다고 이를 '엘리트주의적'이거나 '위계적'이라고 해서는 안 된다. 철학자 리처드 로티Richard Rorty가 언급했듯이, 특정 질문에 대해 어떤 입장을 가지고 있더라도 상관없다는 사람과는 논쟁을 벌일 필요가 없는 것이다. 그런 식의 입장은 존재하지 않는다. 문화 상대주의 옹호자들이 일반적으로 가장 그럴듯해 보이는 이유들을 가지고 논쟁을 벌인다는 점은 사실이다. 문화 상대주의자들은 타인들의 생활 형태에 개방적인 것만큼 자신들의 가치를 절대화하는 것을 꺼린다. 그러나 그런 관용이 자신의 삶의 방식에 속한 게 아니라면 어떨까? 그럴 경우에도 당신은 개방적이 되어야만 하는가? 당신은 누구이기에 관용은 오류라는 내 신념을 거부하는가?

대부분의 문화주의자에게 인간 존재에 보편적 토대가 있다는 믿음은 환상이다. 문화는 단독으로 존재한다. 문화는 자신보다 더 근본적인 어떤 것, 즉 신, 정신, 물질, 인간 본성, 생명력, 변증법, 역사의 전진, 우주의 구조 등에 의지하는 것처럼 보여서는 안 된다. 실제로 그런 중대한 기반 구조들이 문화의 뿌리에 놓여 있다고 해도, (문화주의자들은 이런 식으로 말하는데) 각각의 문화는 그 기반 구조들 자체가 가진 특유한 방식으로 각 문화를 파악함으로써, 이들이 진정 보편적인 것이 되는 것을 멈추게 한다. 하지만 이것은 문화가 스스로 새로운 기반으로 등극했다는 것을 의미한다. 모든 것을 문화와 관련지어 바라보는 일은 문화 자체를 절대적인 것으로 변화시키는 일이다. 과거에 신이나 자연 혹은 자신에 대해서 그랬듯, 이제 사람들은 문화의 밑바닥을 파헤칠 수가 없다. 오직 문화적 수단(개념, 기술, 연구 방법 등)으로만 문화의 밑바닥을 파헤칠 수 있는데, 그 말은 사실 밑바닥을 파헤칠 수가 없다는 말이다.

하지만 문화보다 더욱 심층적인 것이 있으니, 곧 문화를 가능하게 하고 필연적으로 만드는 역할을 하는 물질적 조건이 그것이다. 인간이 애초에 문화를 탄생시킨 특유한 종류의 물적 동물이기 때문이고, 또한 문화를 탄생하게 만든 것이 바로 이 물적 성질이기 때문이다. 모든 남녀는 너무 이르게 태어난다. 혼자서는 생존할 수 없는 상태로 자궁에서 나오는 것이다. 양육 시스템을 의미하는 문화가 즉각 작용하지 않는다면 그들은 이내 죽을 것이다. 태어나자마자 비틀거리며 제 발로 서고 털을 핥으면서 조용히 멀지 않은 거리로 종종걸음 쳐가는 망아지와 새끼 기린같이 문화 없는 존재들과는 반대다. 이처럼 넓은 의미에서의 문화는 우리의 생존에 필수적이다. 문화주의자들이 주장하듯 문화는 우리의 본성과 동일한 것이 아니다. 그보다 문화는 우리의 본성에 속한 것이다. 문화는 마르크스가 우리의 '유적 존재species being'*라고 부른 것에 속한다. 인간은 유적 존재인 덕분에 복잡한 형태의 노동과 소통을 행할 수 있으며, 문화 혹은 문명이라고 알려진 것의 기초를 놓게 되는 것이다. 인간은 생존하기 위해서도 그런 노동과 소통을 필요로 한다. 오소리와 다람쥐는 직접 신체를 사용해 자신들을 둘러싼 환경과 연관을 맺는 반면, 인간은 자신들을 세계 전체로 확장하게 하는 (문화와 문명이라는 이름의) 일종의 신체들을 갖는다. 이것이 성취의 근원이라면, 또한 재앙의 원인일 수도 있다.

문화가 인간성의 기저가 아니라는 데에는 또 하나의 의미가 있다. 테니스 클럽, 허브 정원, 최고급 요리, 헤어스타일, 라디오 방송국 등이라는 의미로 문화를 개념화하기 위해서는 경제적 잉여, 생산량과 소비량 간의 차이가 필요하다. 이런 의

---

* 마르크스가 언급한 '유적 존재'란 자연적 존재이자 사회적 존재로서 인간의 보편적 존재 방식이다. 그것은 노동과 노동생산물을 통해 확인되고 실현된다.

미의 문화는 물적 희소성에 시달리는 사회에서는 번성할 수가 없다. 비록 언어, 친족, 행사, 관습, 조직화된 행동 방식 등이라는 의미에서의 문화는 분명 존재할지라도 그렇다. 생존하는 데 자신의 에너지 대부분을 투여해야 하는 사람들은 셰리주 파티를 열거나 서사시를 창작하는 데 쓸 시간과 자원을 갖고 있지 않다. 마르크스가 인식하고 있듯이, 모든 이가 대부분의 시간을 노동에 쓸 필요가 없을 때에야 비로소 예술가와 지식인, 전문가 계층이 생겨날 수 있다. 오직 그럴 때라야 완전한 노동 분업이 가능해지며, 그래서 특권을 가진 많은 개인이 노동의 필요에서 해방되어 시인, 무당, 족장, 철학자, 관리자, 주교, 디스크자키, 공작부인 등이 된다. 즉, 문화는 물적 조건을 필요로 하는 것이다. 이런 의미에서 문화는 결정적인 말이 아니다. 그것은 노동의 과실일 뿐 아니라 착취와 불행의 결과이기도 하다. 만약 고통으로 인해 파르테논신전이 세워지고 자신과 같은 천재가 만들어진다면 그런 고통은 전적으로 수용 가능하다고 생각했던 니체는 이렇게 외쳤다. "모든 '좋은 것'의 뿌리에는 얼마나 많은 피와 잔인함이 박혀 있는가!"[2]

* * *

루트비히 비트겐슈타인Ludwig Wittgenstein은 자신의 책《철학적 탐구Philosophical Investigation》에서 그가 '삶의 형태'라고 부르는 것, 혹은 우리가 '문화'라고도 부르는 것은 단순히 '주어진' 것이라고 주장한다. 삶의 형태가 주어져 있다는 것은 그것이 존재하는 데 어떤 합리적인 정당화도 없다는 의미에서다. 알파벳 대신 상형문자를 쓰거나 손님을 맞을 때 손을 흔드는 대신 코를 비비는 것에 논리적 이유는 없다. 그런 일들은 그 자체가 근거다. 비트겐슈타인의 관찰에 따르면, 논증이 이런 지점에 이르면 그건 마치 삽이 바닥을 치는 것과 같아서 땅파기를 중지하는 수밖에 없다. 모든 것이 설명을 요하지는 않으며, 모든 설명이 더욱 근본적인 설명에 의해 지지될 필요도 없다. 이런 의미에서, 어떤 행동 방식들은 의문의 여지가 없고, 그 행동에 대한 어떤 판단들은 기각된다. VIP가 되는 데 존재하는 어떤 이유는 비행기에 탑승할 때 기다릴 필요가 없다는 것이다. 그러나 일본인으로 사는 데에는 그런 의미가 없다. 이란인으로 사는 게 더 우월하다는 말은 팔리어* 문법이 포르투갈어 문법에는 없는 훌륭함이 있다고 주장하는 것만큼이나 의미 없다. 일본인이라는 것은 성취가 아니다. 일본인이 상을 탄다면, 그가 일본인이기 때문에 받는 것이 아니다. 삶의 형태가 단순히 주어진 것이라는 데 있는 하나의 의미는 바로 이것이다.

왜 우리가 생일을 축하하고 거리를 마일 단위로 측정하느냐는 질문을 받는다면, 비트겐슈타인이 내놓음직한 답은 그저 '원래 우리는 그렇게 한다'일 것이다. 그렇다고 어떤 일처리 방식이 다른 방식보다 더 이로울 수 있음을 부정하는 건 아니다. 우리가 거리를 방울뱀 길이를 써서 측정하지 않는 이유는

---

* 고대 인도어의 하나로 산스크리트어에서 유래했다.

그것이 우리를 지쳐 떨어지게 만들 정도로 복잡한 일임이 뻔하기 때문이다. 지구와 목성 간의 거리를 재기 위해서는 세기도 힘든 많은 숫자가 필요하다. 하지만 마일이냐 킬로미터냐, 혹은 초록색 신호등이냐 파란색 신호등이냐에 이르면 선택지가 그리 많지 않다. 그런 관습은 합리적이지 않지만, 그렇다고 비합리적이라고 주장할 수도 없다. 문장의 끝에 동사를 놓는 독일어는 틀렸다고 주장하는 게 잘못된 만큼이나 그런 관습에 대해서는 옳으냐 그르냐 말할 수가 없다.

이런 의미에서 비트겐슈타인의 주장은 일련의 포스트모던한 편견들과 궤를 같이하는 것처럼 보일 수도 있다. 하지만 그렇지 않다. 비트겐슈타인은 문화적 습관에 대해 엄격한 판단을 내리는 데 대한 완벽한 논리적 준비를 갖춰놓고 있다. 첫째로, 어떤 관행이 아주 설득력 있는 근거 없이 단지 주어진 것이라는 사실이 그것을 지지해야 함을 의미하지는 않는다. 비트겐슈타인이 가르쳤던 케임브리지대학교 식당의 교수석에 앉는 이들이 넥타이를 매는 관습은 이런 관행에 속하지만, 그는 이 관행을 우습다고 여겼기에 굽신거리며 따르기를 거부했다. 어떤 행사가 격식을 갖추기를 바라는 데는 이유가 있을 수 있겠지만, 이를 위해 발목에 낡은 밧줄을 매기보다 목에 타이를 매는 게 더 격식을 갖추는 것이라고 말할 이유는 없다. 당신은 이유 없이 존재하는 어떤 것을 거부할 이유를 가질 수 있다. 둘째로, 비판이나 정당화 너머에 있는 문법이 그 문법에서 발생한 어떤 명제라도 논란을 넘어선다고 보증하지 않는 것과 마찬가지로, 비판이나 정당화 너머에 있는 관습과 절차가 존재한다는 사실이 우리의 모든 실천이 비판이나 정당화를 벗어나 있음을 보증해주지는 않는다. 차이를 애호하는 사람들은 우리가 떨쳐내기 거의 불가능한 문화적 습관(가령 미래를 우리 앞에 놓인 것으로 상상하기)과 그런 어려운 수고를 부과하지 않는 실천들(가령 여성 할례나 화학무기 생산) 간의 차별성을 주목해야만 한다. 비트겐슈타인 자신은 현대 세계에 열광하지 않았고 서슴없이 그 세계에 대한 귀족적 경멸을 드러냈다. 사실 그는 정치적 좌파와 정치적 우파 관점을 모두 사용해 중간계급식 현대성을 거부하는 놀라운 업적을 달성했던 것이다.

경찰에 체포된 무장 강도는 '무장 강도가 바로 내 일이오'라고 말하지는 않는다. 만약 숫자를 7까지만 헤아리는 문화에서 자라났다면 당신이 이 관습에 동조할 수밖에 없다는 건 분명하다. 그러나 단지 그렇게 하고 싶은 느낌이 생겨났다는 이유만으로 다른 이의 목을 졸라도 되는 문화는 없다. 당신은 당신 문화의 필수 요소라는 이유를 들며 여성을 성노예로 삼는 일을 정당화할 수는 없다. 이는 습관상 그렇게 한다는 이유―이런 이유는 당신 행동에 대한 가장 설득력 있는 방어는 결코 될 수 없는데―로 당신이 하는 일이 용인된다고 주장하는 것과 다르지 않다. 어떤 사람이 자신이 쓰는 언어의 문법에 싸움을 걸 수는 없다는 사실이, 인종 학대를 목적으로 그 문법을 사용하는 데 항거할 수 없음을 의미하지는 않는다.

그렇기는 해도, 문화에 비판적이 된다는 것은 그 문화의 많은 특징을 당연하게 받아들이는 일을 포함한다. 저명인들도 보통 사람들만큼 부패할 수 있다고 상정할 때에야 비로소 노골적 정실인사를 이유로 총리를 불신임할 수 있다. 그렇게 상정하는 것을 이해할 수 없다고 여기는 삶의 형태를 상상해볼 수도 있을 것이다. 대체로 비트겐슈타인의 논점은 언제든지 모든 것이 다 허용될 수는 없다는 것이다. 의심이 당연하게 여겨지는 확실성이라는 배경에 반대해야 생겨나듯, 비판을 할 수 있으려면 (적어도 현재) 주어진 것으로 수용하는 특정한 범주 안에서 해야 한다. 물리적 실체로서 어떤 물건들이 있고, 그 물건들이 이곳에서 다른 곳으로 이동될 수 있는 것이며, 그 물건들이 스스로 움직일 수 없다는 것 등을 상정하지 않는다면, 당신은 자동차 열쇠가 여전히 복도 테이블에 놓여 있는지 아닌지 의문을 품을 수 없다. 그러한 맥락이 없는 의심은, 모든 것을 의심하라는 데카르트René Dscartes의 요구가 그렇듯이, 아무런 힘도 가질 수가 없다. 그건 마치 주변의 어떤 것과도 맞물리지 않는 언어기계의 톱니 같은 것일 터이다. 모든 것에 대해 회의적일 수 있는 사람은 없다. 그러나 이 말이 모든 것이 우리를 속일 운명을 띠고 있다는 의미는 아니다.

3.

사회적
무의식

지금까지 비트겐슈타인을 통해 어떤 삶의 형태건 당연히 받아들여야 할 것이 많음을 보았다. 그렇다고 마음 놓고 받아들일 문제는 아니다. 가령 인종주의 공격에 맞서려면 피부색이 열등함의 표지가 아니라는 점을 당연히 받아들여야 한다. 물론 이런 종류의 신념은 명쾌히 만들어질 수 있을 것이고 때로는 그렇게 되어야 할 필요도 있다. 그러나 믿음 중 많은 것은 이제 막 생겨나기 시작한 형태로 존재한다. 이를 사회적 무의식이라 부를 수 있다. 본능, 편견, 경건함, 정서, 반쯤 형태를 갖춘 의견들, 자연스러운 추정 등이 차 있는 이 광대한 저장고는 일상 행위의 근거가 되고, 거의 의문을 제기하지 않는 것이다. 사실 이 추정 중 일부는 너무나 깊이 흐르고 있어서 삶에 어떤 중대한 변화가 없다면, 즉 처음부터 다시 이 일부를 인지할 수 있게 만드는 그런 일이 없다면 문제 제기 자체가 쉽지 않다. 지구적 차원의 핵전쟁이 특별히 기분 좋은 일은 아니리라는 믿음은 이 추정에 포함된다. 하지만 인간이 죽는다는 '믿음'은 포함되지 않는데, 그 이유는 믿지 않는 상태를 도저히 상상할 수 없는 어떤 것에 대해 믿음이라고는 부르지 않기 때문이다. 영국 철도가 템플기사단에 의해 운영된다고 믿는 일은 가능하지만, 당신이 손을 두 개 가지고 있다는 것은 믿고 안 믿고의 문제가 아니다.

이 사회적 무의식은 문화라고 말할 때 의미하는 것 중 하나다. 이것은 아이러니하기도 한데, 예술적이고 지적인 작업이라는 의미에서의 문화란 가장 정교한 인간의 의식 행위에 속하기 때문이다. 따라서 문화는 우리가 하는 대부분의 일보다 더 강하게 자각하면서도 많은 부분에서는 덜 강하게 자각한다. 덜 강하다는 건 일상생활에서 보이지 않는 색, 즉 눈앞에 너무 가까이 있어서 그것이 무엇인지도 알아차리기 힘들 정도로 당연하게 여긴다는 의미의 문화다. 이것이 자크 라캉Jacques Lacan이 '대타자the Other'라고 부르는 것으로, 우리의 모든 말과 행동이 하나의 전체가 되어 개별적인 의미를 획득할 수 없다는 맥락에서 그렇다는 것이다. 이 맥락은 우리 자신을 형성하고 있어서 그것이 작용한다는 것 자체도 의식하지 못하는 것들을 말한다. 실제로 끊임없이 사회적 무의식의 작동 방식을 탐구하려 든다면, 우리는 아예 기능하지 못할 것이다. 발화하는 순간 애초에 말할 수 있게 허락해준 그 문법 구조를 의식한다면 우리의 혀는 오히려 굳어버리게 될 것이다. 이와 유사하게 프로이트는 자아가 자신을 형성하는 과정에서 많은 부분을 필연적으로 알지 못한다고 본다. 자아를 제자리에 위치시키는 것은 필연적으로 그곳에 있지 않다. 자아는 그것을 형성하는 과정에 대한 고통스러운 억압, 즉 자아가 결코 완전히 회복될 수 없는 트라우마를 겪음으로써만 생겨난다. 누구도 유아기라는 이름의 원초적 재앙을 온전하게 만회할 수 없다. 이렇게 실패하는 한 가지 이유는 인간이 성적 동물이 라는 것, 그리고 성적 취향은 아주 성숙한 곳이 아니라 아주 유아적인 곳에서 결정된다는 데서 찾을 수 있다.

반대로 어느 정도의 억압은 실제로 좋은 영향을 끼친다. 프로이트뿐 아니라 니체도 말하듯, 자기 망각과 약간의 기억상실은 우리를 번창하게 한다. 너무나 많은 억압은 분명 우리를 병들게 할 수 있다. 우리는 보답받지 못하는 욕망 때문에 병들 수 있으며, 그로 인해 우리 모두는 어느 정도 고통받는다. 프로이트는 이를 신경증이라 말한다. 프로이트에게 인간이라는 동물은 아픈 동물로, 쇠약해지는 방식으로 아프기도 하지만 생산적인 방식으로도 아프다. 분명히 우리는 자기 성찰을 할 수 있다. 자신의 상황에 대해 비판적으로 사유할 수 있다는 것 은 인간이 거북이와는 반대로 세계와 관계 맺는 방식의 일부 다. 그 방식은 (리처드 로티와 스탠리 피시Stanley Fish를 포함한) 많 은 사상가가 급진적 비판이라는 관념의 신빙성을 떨어뜨리기 위해 주장했던 것처럼, 외부에 있는 상상 속의 아르키메데스 점*에 서 있는 행위를 의미하지는 않는다. 하지만 프로이트의 관점에 따르면, 그런 자기 성찰만으로 구원받는 건 아니다. 단

---

* 관찰자가 탐구 주제를 총체적 관점에서 객관적으로 지각할 수 있는 유리한 가설 적 지점. 연구 대상을 그 밖의 모든 것과의 관계에서 볼 수 있도록 하며, 그것들을 독립적인 것들로 유지하도록 하는, 그 연구 대상에서 '자신(관찰자) 제거하기'라 는 이상Ideal은 바로 아르키메데스 점의 관점으로 묘사된다.

지 자신의 심리를 영리하게 대함으로써 신경증을 치료한 사람은 아무도 없다. 정말이지 그건 해결책이라기보다는 문제의 일부일 공산이 크다. 심리의 형성자인 주체의 핵심에는 맹점이 있으며, 그저 단순한 자기 성찰로 주체가 의식 표면에 드러나는 것은 아니다. 그렇게 되기를 바라는 일은 신고 있는 신발 끈으로 자신을 들어올리려 한다거나, 뭔가를 보는 자기 모습 자체를 보려고 하는 것과 같다. 정신분석 치료법이 궁극적으로 말보다 행동의 문제가 되는 건 이 때문이다. 정신분석 장면은 극장, 프로젝트, 힘든 노동, 상호작용이나 극적인 연기 등에서 나타나며, 이론적 질문에서 우선적으로 나타나지는 않는다.

마르크스가 보기에 이 자기 맹목성은 계급사회에도 역시 적용된다. 마르크스가 《자본론 *Das Kapital*》에서 논한 바에 따르면, 가장 핵심적인 사회적 과정은 모두 그것에 종사하는 행위 주체의 '등 뒤에서' 이루어진다. 이를 정치적 무의식이라고 부를 수 있는데, 이 속에서 자기 행동이 자신에게 주는 의미는 같은 행동이 언어 영역 혹은 전체 사회체제라는 의미에서의 대타자에 대해 갖는 의미와 같지 않다. 농장주로서 당신은 소작농들의 필요에 섬세하게 대처하면서 스스로 양심적인 농장주로 여길 수 있으나, 이것은 대개 당신의 특권적 지위를 합리화하는 방식이다. 한 사람의 행동이 가진 진실은 자신의 의도나 경험이 아니라, 말하자면 대타자, 즉 의미 영역 전체에 위치한다. 행위가 이곳에서 발생할지라도 의미는 다른 곳에서 발생하는 셈이다. 만약 우리가 하는 행위의 진정한 의미가 우리에게 명백해 보인다면, 행위를 변화시켜야 할 필요가 있다. 마르크스의 관점에서 볼 때, 이 일이 일어나지 않도록 막는 것은 바로 이데올로기다. 이데올로기라는 매개를 통해 우리는 자기 행동의 진정한 의미를 왜곡하거나 가장하는 역할을 하는 해석들을 제공받는다. 그로 인해 우리가 하는 것(행동)과 우리가 한다고 말하는 것(해석)은 서로 구조적으로 불화하게 된다.

이데올로기는 문화와 동일하지 않다. 살펴보았듯이 문화는 어느 한 면에서는 가치와 상징적 실천의 문제임을 의미하지만, 이데올로기는 그 가치와 상징적 실천이 언제든 정치적 권력을 유지하는 일에 휘말린다는 점을 나타낸다. 따라서 문화는 더 광범위한 개념으로, 문화가 포함하는 많은 것은 전체는 아니더라도 최소한 대부분의 시간 동안 이데올로기적으로 순수할지도 모른다. 후기 빅토리아 시대의 문진文鎭을 수집하는 일을 주권을 유지하는 일로 볼 수 있다는 주장은 그다지 흥미롭지는 않다. 문화 속 그 어떤 것도 이데올로기적이 될 수 있지만, 문화의 모든 것이 다 이데올로기적이지는 않다. 한 맥락에서 문화적이 될 수 있는 것이 다른 맥락에서는 그렇지 않다는 의미에서 문화는 기능적으로 가변적인 용어다. 문화가 삶을 지속시키는 것이라기보다 삶을 가치 있게 만들어주는 것으로 본다면, 이 말은 특히 옳다. 선물 교환은 우리 현대인들에게는 문화적 실천일 수 있으나, 어떤 전근대적 사회체제에서는 경제적 필요와 묶여 있을 수 있다. 음주는 문화적 사안이지만, 참을 수 없는 갈증을 해소하는 유일한 방법일 경우라면 꼭 그렇게만 볼 수는 없게 된다. 비행기 사고로 오지에 떨어진 생존자들이 주류 보관함을 깬다면 그건 파티를 하기 위한 게 아니다. 동일한 행위가 장식적이거나 비실용적이라는 의미에서는 문화적이 될 수 있고, 생물학적 필요를 충족시킨다는 의미에서는 비문화적이 될 수 있다. 카타르에서 당신은 머리쓰개를 문화적 정체성의 증표로 착용할 수 있지만, 또한 실용적인 의미에서 일사병을 피하느라 착용할 수도 있다.

이데올로기 역시 기능상 바뀔 수 있다. 어떤 시공간에서 이데올로기적일 수 있는 것이 다른 시공간에서는 그렇지 않을 수 있다. 팔 근육 과시는 어떤 맥락에서는 일상적이지만 다른 맥락에서는 파시스트 경례를 의미할 수 있다. 흰 장미와 붉은 장미는 권력 투쟁의 휘장으로 사용되는 경우에 한해 이데올로기적이 된다. 기상캐스터가 미국에 비해 북한의 날씨가 훨씬 더 음울하다고 강박적으로 강조하는 경우라면 텔레비전 날씨 예보는 이데올로기적이 된다. 영아 학교에서 아이들에게 신발 끈 묶는 법을 가르치는 일은 이데올로기적이지 않지만, 최적의 수익을 보장하기 위해서 각자의 재능을 신중하게 투자해야 한다고 가르친다면 이데올로기적이다. '나는 맛있고 진한 커피를 좋아해'라는 말은 그 자체로는 이데올로기적이지 않지만, 만약 예컨대 그 말이 '부대는 학생 시위대에 즉각 사격을 개시하라'는 지시의 암호라면 이데올로기적이 될 수 있다.

지성의 용어로 문화적인 행동을 말할 수는 없다. 서인도산 럼주인 바카르디를 마시는 게 영리한 일은 아니고, 플라멩코

댄서가 되는 게 멍청한 일은 아니다. 하지만 이데올로기는 또 다른 문제다. 이데올로기의 많은 부분이 이치에 맞고 복잡다 단하며 이론적으로 정교하지만, 이데올로기가 존재함으로써 지성의 온도가 갑자기 기이하게 하락하는 것이 느껴지는 일은 흔하다. 다른 때 같으면 예리하고 세상 물정에 밝은 남자와 여자들이 '실업자들은 노력만 하면 언제나 일거리를 찾을 수 있다'거나 '2025년이 되면 영국에서 무슬림 인구가 비무슬림 인구를 앞지를 것'이라는 등의 진술을 한다면, 합리성을 뛰어 넘은 힘이 작용했음을 탐지할 수 있는 것이다.

문화가 항상 권력의 매개체는 아니다. 그것은 또한 권력에 대한 저항의 방식일 수 있다. 뒤이어 철학자 에드먼드 버크가 문화를 적용해 정치 영역에서 실제로 권력에 저항하는 방식을 살펴보겠지만, 이 명제는 예술적이고 지성적인 문화에도 적용할 수 있다. 예컨대 문학 정전이 정치적 무지몽매함의 보루라는 주장은 말할 나위 없이 우스꽝스럽다. 사실은 수많은 고급 문학 혹은 소수자 문학이 대부분의 대중문화보다 훨씬 더 정치적으로 전복적이다. 영문학의 경우만 해도, 많은 다른 작가는 말할 필요도 없이 그저 밀턴John Milton, 블레이크William Blake, 셸리Percy Bysshe Shelley, 바이런George Gordon Byron, 해즐릿William Hazlitt, 페인Thomas Paine, 울스턴크래프트Mary Wollstonecraft, 디킨스Charles Dickens, 러스킨, 모리스, 울프Virginia Woolf, 오웰George Orwell만 떠올려보면 된다. 텔레비전 드라마 〈프렌즈〉나 〈섹스 앤 더 시티〉가 혁명적 열정에서 이 작가들을 능가한다거나, 레이디 가가Lady Gaga와 로

비 윌리엄스Robbie Williams가 블레이크의 예언적 작품들에 필적하는 인간적 우애의 유토피아적 비전을 제시한다는 주장을 하기란 쉽지 않다. 저스틴 비버Justin Bieber의 음악이 대단히 많은 보통 사람에게 파고들었다는 것은 옳지만, 그 점에서는 수두도 마찬가지다. 셰익스피어는 코뮤니즘을 위해 목소리를 높였고, 밀턴은 국왕 살해를 옹호했고, 블레이크와 셸리는 정치 혁명가들이었으며, 플로베르Gustave Flaubert와 보들레르Charles Baudelaire는 중간계급을 혐오했고, 랭보Arthur Rimbaud는 아나키스트였으며, 톨스토이는 사유재산을 맹비난했다. 버지니아 울프의 《자기만의 방 A Room of One's Own》은 영국 문학가가 쓴 가장 급진적인 텍스트 중 하나다. 문학 정전이라는 관념이 부당하게 엘리트주의적인 방식으로 흔하게 사용되었음은 사실이지만, 그 문학 정전 목록에 담긴 많은 작품은 그런 엘리트주의적 정치와는 반대 방향으로 나아간다. 그렇기는 해도, 우리는 '고급문화'와 '대중문화' 간의 차이가 좋고 나쁜 것의 차이와 일치하는 게 아니라는 점을 상기해야 한다. 많은 대중문화가 탁월한 면모를 보이는 반면, 문학 정전에는 질 낮은 작품들이 상당수 포함되어 있다. 가령 윌리엄 워즈워스William Wordsworth의 시 전체가 그렇다. 극소수 작가의 작품만이 정전 목록에 들어간다면 그 작가의 덜 탁월한 글도 상당히 많이 그 목록에 들어가는 경향이 있으며, 이는 심지어 정전 자체의 판별 기준에 따르는 경우라도 정전을 옹호하기 힘들 경우가 꽤 자주 생긴다는 것을 말해준다.

18세기 작가이자 정치가인 버크보다 더 훌륭하고 더 당당하게 사회적 무의식으로서의 문화라는 관념을 설명했던 사상가는 없다. 그럼에도 문화연구 강좌에서 버크의 이름이 거의 언급되지 않거나 아주 드물게만 언급된다는 점은 의아하다. 그건 아마도 버크가 군주제, 교회, 귀족에 대한 보수주의적 존중심과 연관되어 있기 때문일 것이다. 버크는 영국에서 가장 맹렬하고 완강한 프랑스혁명의 적대자가 되었는데 이는 군주제, 교회, 귀족에 대한 충성심 때문이었다. 하지만 버크는 토리당원이 아니라 자유주의 휘그당원으로 개혁의 필요성을 강력하게 믿었다. 가령 그는 노예제에 반대했던 당대의 가장 중요한 인물 중 하나였다. 비록 그는 프랑스혁명을 맹렬히 비난했지만, 일반적 의미의 혁명에 결코 적대적이지 않았다. 버크는 프랑스에서 영국 땅으로 이주한 한 가문의 후손으로서 1066년의 노르만 정복도 열렬히 지지했고 동일한 열정으로 1688년의 소위 명예혁명도 지지했다. 아메리카에서 영국의 통치에 대한 반감이 증가하면서 버크는 식민지에서의 개혁은 불가피함을 믿게 되었다. 아무리 유감스럽다고 해도 폭력적 혁명은 불가피했다. 식민지 신민들을 반란에 뛰어들게 만든 것은 자신의 모국이었던 것이다. 하원의원으로서 그는 아메리카 식민지 신민들에 대한 무력 사용에 반대하며 동료 의원들을 설득했다. 일단 식민지에서 봉기가 발생하자 그는 영국 통치에 맞서는 아메리카인들의 투쟁을 옹호했다.

하지만 엄밀히 말해 영국은 버크의 모국이 아니었으며, 이 점이 영국의 식민지 정책에 대한 그의 비판이 격렬했던 이유를 일부 설명해준다. 그는 영국의 가장 오래된 식민지인 아일랜드 출신으로, 버크를 경멸했던 영국 정치인 존 윌크스John Wilkes에 따르면 그의 연설은 "위스키*와 감자 악취를 풍겼다". 오래된 아일랜드 가문의 후손인 그는 어린 시절 코크 카운티에 있는 노천 학교에서 시간을 보낸 적도 있었고,** 아일랜드어를 썼으며, 아일랜드 시골의 가난한 이들에 대해 깊은 연민을 느꼈다. 웨스트민스터의 가장 걸출한 정치인 가운데 하나였음에도, 버크는 자기 고향 땅의 농민 지하 반군에 강하게 공감했고, 영국 정부가 그들에게 보복 공격을 했을 때 분노했다. 아일랜드 반군 그룹 중 대표격이었던 수호파the Defenders에 대해 "가톨릭 수호주의야말로 프로테스탄트 지배Protestant Ascendancy를 저지할 수 있는 유일한 수단"이라고 쓰면서, 버크는 아일랜드에서 일어난 폭력적 반란에 분명한 동조를 표했다.[1] 이것이 수세기 동안 우파적 지혜의 원천으로 지금껏 존경받아온 인물의 또 다른 면이다. 그는 혁명파인 아일랜드인연맹United Irishmen에 대해 명쾌한 지지를 표하지 못했지만, 그럼에도 그들과 거의 공모 관계를 맺고 있었다. 버크는 정치적 혁명을 좋아하지 않았으나, 거의 언제나 통치 권력의 부당

---

* 위스키는 아일랜드에서 처음 만들어졌고 12세기경 영국에 전해졌다.

** 버크 가문은 영국왕 헨리 2세의 아일랜드 침공에 참여해 1185년에 아일랜드에 왔다가 정착한 앵글로 노르만 귀족 드 버그de Burgh에서 유래한다. 버크는 더블린에서 태어났으나 외가가 코크 카운티에 있어 그곳에서 어린 시절을 보내기도 했다.

한 행위가 혁명을 촉발하며, 이윽고 혁명을 피할 수 없게 된다는 점을 확신했다. 버크는 "인간의 정신은 예로부터 노예 상태에 매우 익숙해져 있었으나, 그럼에도 억압이 부당하다고 정신을 각성하도록 만드는 순간이 있다"고 언급한다.[2] 버크의 시각에 따르면, 그런 순간에 도달했을 때 통치자가 비난할 대상은 다른 누구도 아닌 통치자 자신들뿐이다.

버크는 아일랜드의 앵글로 아이리시Anglo-Irish 지배 엘리트에 대해 맹렬할 정도로 적대적이었으며 아일랜드 빈민의 역경에 대한 그들의 무관심을 비난했다. 전형적인 과장법 방식으로 버크는 그들(아일랜드 지배 엘리트)의 목표가 "빈민들을 군사력 아래에서 절대적 노예 상태로 축소시킴으로서 나머지 인민들에 대한 지배력을 유지하는 것"이라고 쓴다.[3] 버크는 지주들의 권리는 절대적이지 않으며, 공통 선을 향상하는 데 봉사해야 한다고 주장했던 것이다. 그 자신은 신교도였음에도 18세기에 아일랜드 가톨릭의 대의를 아주 확고하게 그리고 아주 소리 높여 옹호했고, 가톨릭 교도들이 제자리를 고수하도록 만드는 역할을 했던 소위 형법Penal Laws을 맹렬히 비난했다. 그 법은 "인간의 도착적인 천재성에서 지금껏 뻗어 나온 결과물 중 인민, 나아가 그들의 인간적 본성 자체에 대한 억압, 빈곤화, 영락과 타락에 가장 적합한 것"이라고 그는 주장했다.[4] 실제로 형법은 그의 수사적인 표현이 언급하는 것만큼 악랄하지는 않았으나(버크는 충격을 주는 과장법에 능했다), 그럼에도 신교 우월주의의 표상으로서 그 형법이 가진 상징적 가치는 매우 컸다. 이 형법이 궁극적으로 폐기된 것은 버크의 영향력이 크게 작용해서였다.

버크는 권력이란 이익의 공동체에, 그리고 어떤 식으로든 인민의 이름으로 행동하는 이들과 이 행동이 기인하는 인민들 사이의 느낌과 욕망의 공감대에 기반을 두었을 때에만 비로소 합법적이 된다고 믿었다.[5] 그가 영국과 아메리카 사이의 식민지 관계에서뿐 아니라 영국과 아일랜드 사이의 관계에서도 비참할 정도로 결핍되어 있음을 알아차린 것이 바로 이 이익과 정서의 공동체였다. "권력은 정신으로부터 모든 인도적이고 온화한 덕을 점차 제거한다. 높은 자리에서는 연민, 자비심, 우정이 거의 미지의 것이나 다름없다"고 그는 말한다.[6] 미국에 대해서는 "때로 친절함으로 권력과 권위를 살 수 있으나 패해서 피폐해진 폭력이 내어준 구호품을 받듯 구걸해서는 결코 얻을 수 없다"고 쓴다.[7] 버크는 아메리카의 반란 세력들이야말로 진정으로 자유를 요구하고 마땅히 자유를 누릴 가치가 있는 경우라고 생각했다. "위대한 애정과 선의를 전제로 하지 않았다면, 한 인민이 다른 인민에게 자발적으로 탁월성을 양보할 이유는 없다"고 버크는 말한다.[8] 버크가 제국을 신뢰한 것은 확실하지만, 그가 신뢰하는 제국은 강압보다는 문화로 결합된 곳이었다.

합의consensus는 어떤 정치적 체제에서도 적용되어야 하는 것이라고 버크는 주장한다.

인간은 서로 종이와 인장으로 묶여 있지 않다. 인간은 유사성으로, 순응으로, 공감으로 결부된다. 법, 관습, 풍습, 생활 습관끼리의 유사성은 나라와 나라 사이를 친밀하게 만들어주는 가장 강력한 끈이다. 이것들은 그 자체로 조약의 강제력보다 더 강한 힘을 가진다. 이것들은 마음에 기입된 의무기 때문이다.[9]

버크에 따르면, 이런 끈들은 공기만큼 가볍지만 쇠사슬만큼 강력하다. "권위는 오직 인민의 정신, 애정, 이익 속에서만 확고한 자리를 갖는다"고 버크는 선언한다.[10] (이런 것들이 시장에 대한 거의 모든 개입에 반대했던 애덤 스미스Adam Smith의 신봉자이자 휘그파 자유시장주의자였던 버크가 느끼는 정서라는 점에 주의해야 한다. 버크가 가진 모든 정치적 태도가 권고할 만한 것은 아니다.) 그의 관점에서 국가는 살고 있는 자들과 죽은 자들, 앞으로 태어날 자들 사이에 맺어진 동업자 관계다. 그렇기 때문에 국가가 "후추와 커피, 옥양목이나 담배 등과 같은 하찮은 품목들의 무역에 등장하는 동업 계약보다 더 나은 게 아니라는 식으로 여겨져서는 안 된다".[11] 대신 국가는 관습, 전통, 풍습 속에 닻을 내려야 한다. 한 세기가 훨씬 지난 후 안토니오 그람시Antonio Gramsci가 주장하게 되듯, 권력을 확보하는 데 중요한 것은 우리가 시민사회라는 이름으로 아는 그것, 곧 습관과 유산으로 짜인 풍부한 교직물이다. 만약 버크가 이 시민사회의 매력을 느꼈다면, 부분적인 이유는, 이후의 헨리 제임스도 그랬듯,* 그가 시민사회제도가 결여된 나라, 아일랜드 출신이

---

* 미국 소설가 헨리 제임스(1843~1916)는 1869년 이후 미국을 떠나 유럽에서 생활하며 글을 썼다.

기 때문일 것이다.

영국이 토착인들의 관습과 정서를 근거로 아일랜드를 지배하는 일은 분명 없었고, 인도 또한 같은 방식으로 통치했다. 영국 제국의 왕관에 박힌 보석을 보면서 버크는 영국이 통치한 식민지 인도를 떠올렸다. 인도는 "완전히 폐허가 된, 영락한, 인구가 줄어든 나라, 곧 그야말로 엄청난 인구 감소 상태에서" 영국의 통치를 받아 "거칠고, 벌거벗었으며, 비쩍 말라 비명과 신음으로 하늘을 찢어발기는 불쌍한 이들만이 온통 널린 나라로 구원받았던 것이다".[12] 인도가 동양의 야만이라는 신화를 일축하면서, 버크는 인도인들에 대해 이렇게 주장한다. "그들의 도덕성은 우리의 도덕성에 필적한다. (…) 나는 깊이 신뢰받으며 군주의 조언자 역할을 했던 아시아인들의 글에서 발견되는 것보다 더 진실한 도덕성과 지혜를 근대 유럽의 어떤 책에서 찾을 수 있는지 보여달라고 전 세계에 요구하는 바다".[13] 그 나라(인도) 사람들은 "오래전부터 문명화되고 교양화되어 있던 이들, 우리(유럽인들)가 아직 숲속에서 떠돌고 있을 동안, 그들은 세련된 삶을 이루는 모든 예술로 교양화된 이들이었다"고 버크는 선언한다.[14] 한 평자는 버크에 대해 다음과 같이 말한다.

버크는 비서구 문명을 이해하고 거기서 찾은 것들을 자신의 전반적 정치사상으로 통합하기 위해 진지한 노력을 했던 최초의 주요 유럽 사상가 중 한 명이자 최초의 전통적 서구 정치이론 정전 작가 중 한 명이었다. (…) 동시에 버크는 인도에 관해 진지하게 사유함으로써 비서구 국가들에 군림하는 유럽 제국들의 도덕적·정치적 문제들과 씨름했던 최초의 주요 서구 사상가 중 하나가 되었다.[15]

집단적 혹은 집합적 권리문제와는 반대로 개인의 권리 증진은 민족 혹은 인종적 우월성과 완벽하게 양립할 수도 있었으나 그렇게 되지는 않았다. 최초의 서구 사상가들 중에 이러한 권리문제를 진지하게 고려한 이들이 있었고, 버크를 이들 목록에 추가할 수도 있을 것이다.

버크의 관점에서 보면, 정치권력은 오직 감성을 통해서만 문화로 확장되어 번성해갈 수 있다. 여기에는 "인민의 기호, 기질, 풍습 등을 연구하여, 우리가 확립한 법을 그들에게 맞출 수 있도록 하는 것"이 포함되었다.[16] 그는 어떤 민족이 지배받아야만 하는 상황이라면, "우리가 아닌 그들의 원칙과 그들의 격언에 의해서" 지배받아야 하며, 통치자가 그 국민에게 맞춰야지 그 반대는 아니라고 여겼다.[17] 그러나 영국과 인도 사이의 문화적 차이는 너무나 커서 그럴 수 없었다. 버크는 영국과 아메리카의 경우에는 문화적 차이가 아니라 두 나라 사이의 지리적 간격이 너무나 커서 통치 불가능하다고 생각했다. 특히 인도는 "자연 그 자체만큼이나 강력한 풍습, 종교 원리, 뿌리 깊은 습관"에 의해 서구로부터 절연되어 있다.[18] 인도가 가진 다양한 형태의 삶은 외부에서 부과된 단 하나의 권위에 동화되는 것을 불가능하게 만든다. 이런 상황들은 이 나라를 지배하려고 시도한다는 생각 자체에 심각한 의문을 던지게 한다고 버크는 주장한다. 버크는 인도에서 영국의 권위를 강력하게 지지했던 동인도회사를 맹렬히 반대했고, 동인도회사의 우두머리인 워런 헤이스팅스Warren Hastings*를 웨스트민스터 의회에서 탄핵할 방안을 모색하기도 했다.

버크는 "우리의 인도 정복은 20년이 지난 지금 되돌아봐도 정복의 첫날 그랬듯 여전히 거칠다"고 비판한다.[19] 그는 식민주의자들은 아직도 영국에 거주하고 있는 것처럼 원주민의 습관을 받아들이지 않으므로 그들과 공통적인 면모가 없어, 내일이라도 식민지를 떠난다면 자애로운 정부를 남기지 못한 채 본국에 오게 될 것이라고 항의했다. 버크는 사실 식민주의자들이 호랑이나 오랑우탄보다 더 우월하다는 어떤 흔적도 남기지 못할 것이라고 맹렬하게 비난한다. "수치스러운 지배 기간"을 통틀어, 영국은 "어떤 교회도, 어떤 병원도, 어떤 궁전도, 어떤 학교도 세우지 않았고, 다리를 놓지도, 대로를 닦지도 않았고, 항해를 멈춘 것도 아니고, 저수지를 건설하지도 않았다"고 꼬집는다. 앞선 모든 정복자는 이후에 어떤 기념비를 남겼지만, 영국은 그러지 않았다. 대신 제국은 폭력을 사용해 다른 곳에서처럼 인도에서도 "비참하게 영락한 인민들의 고통과 궁핍으로부터 거대한 우리 부, 우리 힘, 우리 권력을" 뽑아냈다.[20]

버크는 야만을 단지 문명이 잊어버리고 뒤에 남긴 상태로 바라보지 않았다. 반대로 그는 야만이 어떻게 해서 문명 자체

---

* 1732~1818. 영국의 인도 식민지 행정관. 1750년 이래 20여 년을 인도 통치에 종사했다. 1773년 규제법規制法에 따라 초대 벵골 총독이 되어 식민지 행정의 개혁을 단행함과 동시에 마라타전쟁, 마이소르전쟁 등으로 영토를 확대하여 영국의 인도 지배의 기틀을 다졌다.

가 낳은 산물이 될 수 있는지 알고 있었다. 야만과 문명은 순차적인 것이 될 수도 있지만, 동시에 발생할 수도 있다. 모든 문화는 사회의 문명화가 진전됨에 따라 유린되었던 적이 있다. 버크는 상업이 사회질서를 향상은커녕 파멸로 이끌 수도 있다고 느꼈다. 그는 신화적 황금시대에 대한 환상은 거의 없었지만 아일랜드에서 경험한 바로 문명화하는 과정에 끔찍한 일이 일어난다는 사실을 아주 잘 알고 있었다. 《자연 사회에 대한 옹호 *A Vindication of Natural Society*》라는 책에서 그는 문명의 진정한 스캔들은 피로 물들었다는 사실이 아니라, 폭력이라는 특징이 영원히 지속된다는 사실에 책임이 있다고 본다. 문명은 찬사받을 만한 성취일 수 있지만, 인간의 고통이라는 두려운 대가를 요구하는 것이다. 버크는 프랑스혁명에서 나타난 과도함이 일종의 문명화된 야만임을 깨달았고, 자신의 제2의 조국도 거의 마찬가지로 흉포함을 인지했다. 그는 영국이 인도에서의 사나운 처신으로 인해 "피의 나라 a land of blood"가 되었다고 고발한다.

버크 또한 영국인 동료들처럼 아메리카 원주민들이 천성적으로 피에 굶주린 집단이라는 확신을 갖고 있었다. 하지만 대부분의 다른 동료 의원과 달리 그는 식민 통치자들이 종속된 인민들의 범죄에 대한 최종 책임을 져야 한다고 여겼다. 아메리카 원주민들은 천성적으로 사나울 수도 있지만, 백인들의 통치가 그들의 잔혹함을 완화하는 게 아니라 더 강하게 만들었다고 생각했다. 버크에게 폭력은, 매우 빈번히 불의가 낳은 괴물 같은 자식이었다. 짓밟힌 이들로 하여금 잔혹한 짓을 저지르게 만드는 것은 권위의 오만함이었다. 그렇다고 해서 그가 피식민지인들이 저지른 잔학 행위를 용인했다는 말은 아니다. 반대로 그는 그런 잔학 행위들을 서슴없이 비판했다. 그는 정복자들은 옳은 일을 하지 않고 피정복자들은 틀린 일을 하지 않는 것으로 여기며 눈시울을 적시는 감상주의자 따위가 아니었다. 그렇다고 문화적 상대주의자도 아니었다. 반대로 그는 그런 상대주의로 인해 자기 나라가 얼마나 편리하게 비난을 면할 수 있는지를 잘 알고 있었다. 인도의 영국인들이 인도의 이질적인 조건을 탓하며 자신들의 범죄를 정당화하는 일은 그의 눈에는 추레한 궤변으로 비쳤던 것이다. 버크가 워런 헤이스팅스를 비판하며 했던 주장 중에 윤리적 정언명령은 지역적인 것이 아니라 보편적인 것이며, 도덕적 가치는 지리적 위치의 변화에 따라 구부러지는 게 아니고, 영국인들에게나 인도인들에게나 자유와 정의의 동일한 기준이 적용되어야 한다는 것 등등이 있다. 버크는 구체적이고 맥락적인 것을 열정적으로 옹호한 반면, 추상적이고 보편적인 것을 의심했다. 하지만 그는 보편 원칙들에 반대한 것은 아니었으니, 단순히 상황을 세밀하게 고려하지 않고 보편 원칙들이 기계적으로 적용될 수 있다고 가정했던 것이다.

* * *

처음부터 끝까지 버크의 입장은 분명하다. 문화가 법이나 정치보다 더 근본적이라는 것이다. "국민들을 우선적으로 통치할 수 있는 수단은 법이 아니며, 폭력은 더더욱 아니다"라고 버크는 말한다.[21] 모든 권력, 계약, 권위, 적법성의 집합을 형성하는 것은 "풍습manners", 혹은 오늘날 우리의 용어로는 문화다. 문화는 권력이 정착해서 뿌리를 내리는 퇴적물이다. 버크는 또한 다음과 같이 언급했다.

> 풍습은 법보다 더 중요하다. 법은 많은 부분을 풍습에 의존한다. (…) 풍습은 우리가 숨 쉬는 공기가 그렇듯 항상적이고, 꾸준하고, 한결같이 의식하지 못하게 작동하면서 우리를 당황하게 하거나 진정시키고, 부패시키거나 정화하고, 고양시키거나 질을 떨어뜨리며, 야만화하거나 세련되게 만든다. 풍습은 우리의 삶 전체에 형식과 색채를 부여한다.[22]

버크가 염두에 두는 것은 사회적 예의라는 의미의 풍습뿐 아니라 사람들이 삶의 기준으로 삼는 유서 깊은 관습과 신념들이라는 의미의 풍습이다. 버크와 동시대인이었던 작가 제인 오스틴Jane Austen도 이런 의미의 풍습에 지속적인 관심을 기울였다. 그녀에게 추상적 도덕 계율은 우아하고 활기 있게 살면서 실천하는 것으로 수용되거나 심지어 기분 좋은 것이 된다.《오만과 편견Pride and Prejudice》에 등장하는 두 명의 나이가 찬 베넷 자매*는 대단히 도덕적이지만, 우아하고 매력적인 방식으로 도덕적이다. 그들은 윤리적인 것을 미학적인 것과

---

* 베넷 자매는 모두 다섯인데, 그중 첫째와 둘째인 제인과 엘리자베스를 말한다.

결합시키는데, 이는 《엠마*Emma*》에 등장하는 성마른 나이틀리 씨는 성취하지 못하는 조건이다. 《맨스필드 파크*Mansfield Park*》에 나오는 마리아 크로퍼드* 같은 인물들은 활력이 도덕성을 능가하고, 같은 소설 속 패니 프라이스 같은 인물들은 (부분적으로는 이 세상에 존재하는 수많은 마리아 크로퍼드로 인해) 도덕적 원칙 앞에서 사교적 스타일을 희생할 수밖에 없다.

버크는 보통 사람들의 충성심을 끌어들이기 위해서는 정치권력도 이와 유사하게 사람들을 흐뭇하게 해주고 기분 좋게 해줌으로써 심미화되어야 한다고 믿었다. 이 과업에 실패한 권위는 사랑받기보다는 두려움의 대상이 될 것이고, 따라서 대중에 대한 통제력 역시 위태로워질 공산이 크다는 것이다.

> 풍습과 결합된 (국가에 대한) 일반인의 애정public affections은 때로는 법을 보충해주는 역할로, 때로는 법을 수정해주는 역할로, 그리고 언제나 법을 지원해주는 역할로 필수적이다. 모든 나라는 건전한 정신이 좋아할 법한 풍습의 체계를 갖추고 있어야 한다. 우리가 우리나라를 사랑하게 하려면, 우리나라가 사랑스러워야 한다.[23]

일단 권력이 문화로 변형되면, 즉 우리가 하는 일상 행위의 질감으로 용해되면, 우리 모두는 권력이 예비해놓은 강압의 수단들을 기쁘게 망각할 수 있게 된다. 그래서 우리가 권력의

---

* 마리아 크로퍼드는 결혼했지만 유혹에 넘어가 가출하는 인물로 검소하고 순박한 패니와는 대조된다.

명령에 자발적으로 복종할 준비를 마치면, 권력은 강압적 수단들을 펼칠 필요성을 찾지 못하게 될 것이다.

만약 버크가 프랑스혁명에 몸서리를 쳤다면, 그것은 주로 이 모든 기획이 망가져버렸다고 여겼기 때문이다. 사형수를 태운 수레가 단두대를 향해 갈 때, 파리에 있는 강압 수단들이 극명하게 모습을 드러낸다. 버크는 분노에 차서 자코뱅파에 대해 이렇게 쓴다.

> 이 모든 기분 좋은 환상은 권력을 부드럽게 만들고 복종을 자유의지에 따른 것으로 만들었으며 삶의 각기 다른 색깔들을 조화롭게 했고, 사적 집단을 아름답게 하고 부드럽게 하는 정서를 차분히 정치로 동화·결합시켰으나, 새롭고 정복욕 강한 빛과 이성의 제국이 그 환상들을 녹아내리게 할 것이다. 삶의 그 모든 품격 있는 휘장이 무례하게 찢어지게 될 것이다.[24]

프랑스혁명은 도덕에 대해서 맹렬히 공격하는 만큼이나 미학에도 맹공격을 가한다. 버크의 눈에 혁명이 싸구려 소극, 장황한 허풍, 허술한 멜로드라마로 가득한 진정 천박한 사건으로 보였다는 점은 놀랍지 않다. 그가 보기에 권력은 허구와 가장으로 작용하는데 곧 예식으로 자신을 숨기면서 엄격함을 부드럽게 만든다. 권력은 의무를 우리의 마음 위에 기입함으로써 우리의 헌신을 얻어낸다. 하지만 프랑스 혁명가들이 불경스럽게 내던져버린 것이 바로 허구가 사회질서에 결합되어 있다는 이 믿음이다. 버크의 눈에 이 혁명가들은 사회가 이성

하나로만 작동될 수 있다고 믿을 만큼 광기에 사로잡혀 있다. 또한 이들은 권력이 가장 많이 바깥으로 드러날 때 가장 효과적이라는 망상에 빠져 애를 쓴다. 하지만 그 누구도 날것 그대로의 법을 응시하고 살아남을 수 없다는 것이 진실이기에 법은 나중에 그람시가 헤게모니라고 부르는 국부 가리개를 필요로 하는 것이다.

그렇기에 영국해협 저편에서 일어난 격동적 사건들에 대한 버크의 경악은 교회와 왕관에 맹세한 이가 겪는 공황 상태 이상이다. 그의 경악은 헤게모니, 혹은 동의에 의한 지배라는 바로 그 원칙이 제멋대로 내팽개쳐졌다는 데서 기인한다. 그건 추상적 이성에 중독된 프랑스인들이 정치의 본질 그 자체에 대해 파국적 실수를 저지른 것과 다를 바 없다. 그들의 봉기는 문명화된 야만이 터져나온 것에서 그치는 게 아니라 엄밀한 의미에서 시민사회가 소멸된 것이고, 그런 의미에서 효과적인 통치의 조건 그 자체가 소멸된 것이다. 혁명기 프랑스에서는 애정에 의한 통치가 있을 수 없었으며 오직 난도질되고 훼손된 신체들만 있었다. 관습과 감성에 의해 조절되지 않았기에 이성은 마구 날뛰었고, 그 결과는 총체적 광기뿐이었다.

그러므로 버크는 영국의 아일랜드 지배와 인도와 아메리카에서의 영국 식민주의를 맹비난하는 것과 거의 동일한 근거로 자코뱅파를 규탄한다. 버크에 따르면, 이 모든 사례 중 통치 집단이 자신들의 주권을 오래된 전통과 정서에 적응시킴으로써 피통치자들의 문화에 자신들을 맞추려 노력하는 경우는 없다. 그의 언급에 따르면 정치란 "인간의 본성과 인간의 필요를 깊이 알아야 하는 것으로 (…) 인간의 본성은 복잡다단하고, 사회의 목적들은 최고도로 복잡하다. 고로 권력 배치나 방향 설정이 단순하다면 그 어떤 것이라 해도 인간 본성이나 인간사의 성질에 적합하지 않다".[25] 그는 "모든 관계적 맥락이 사라진 채로 존재하는 대상을 그저 바라본다고 해서" 어떤 상황을 판단할 수는 없다고 고백하는데, 그 이유는 "현실에서 모든 정치 원칙에 특정한 색채와 차별적인 효과를 부여하는 것은 (…) 배경"이기 때문이다.[26] 버크가 염두에 두었던 이 복잡성 ─ 인간사가 가진 불가해한 특이성 ─ 이야말로 우리가 오늘날 문화라는 단어로 알고 있는 그것이다. 물론 버크 자신은 이 단어를 이런 의미로 쓰지 않았다. 권력이 위험에 빠졌을 때 무시하는 것은 바로 이 관련성들과 구체성들의 복잡한 그물망이다.

버크는 사적 애정과 공적 유용성을 가르는 근대적 구분을 거부한다. 감정을 가정 영역에 복속시키고 공적 영역은 법, 계약, 비인격적 의무의 깊은 자비로 남겨두는 것을 달가워하지 않는다. 그는 우리가 국가의 결함을 "경건한 외경심과 떨리는 배려를 가지고 아버지의 상처"를 다루듯이 다뤄야 한다고 본다.[27] 그의 주장에 따르면 "우리는 우리 정치적 조직체의 구조에 혈연관계의 이미지를 부여해, 우리나라의 헌법을 애틋한 가정의 끈으로 묶고, 우리의 근본법을 가족적 애정의 품에 껴안으면서 (…)" 산다.[28] 아일랜드인인 그는 관습, 전통, 정서가 법적 권리의 힘으로 축적될 수 있는, 아일랜드 시골의 소위 도덕적 경제에 익숙했다. 아일랜드의 이런 시골 상황을 그가 편입되었던 대도시적인 영국 사회에 이식한다는 것은 영국이 대중의 편견과 관습적 기대와 관련해 통치한다는 것을 의미했다. 버크는 "(근대) 국가는 시민들의 감정과 결코 접촉해본 적이 없기에 그들에게 영원한 타인으로 남는다"는 실러의 불만에 진심으로 공감했을 것이다.[29]

여기에는 분명 자국의 이익이 대량으로 걸려 있다. 버크는 마음과 정신을 얻는 일이야말로 정치 불만을 막는 가장 확실한 방법이라는 점을 잘 알고 있다. 그에 따르면 모든 국가의 진짜 위험은 "국민들이 정당한 이유로 만족하지 않는 것"이다.[30] 만약 식민지인들이 자신들의 자유를 당신의 통치권에 결부시킨다면, 그들은 당신에게 충성을 다할 것이다. 사랑 바로 뒤에 복종이 따라온다. 그럼에도 버크가 공적 영역에서 감정을 제거하기를 거부한 것과 이익과 애정이 정치의 온상이라고 주장한 것은 근대 페미니즘 사상을 일부 예측한 것으로, 그 자신이 이런 주장을 들으면 경악할 것이다. 그가 보기에 여성은 해방되어야 할 존재라기보다는 존중받아야 할 존재였기 때문이다.

만약 문화가 당신의 권위를 달콤하게 만들고 견딜 만한 것으로 바꿔준다면, 문화는 정치권력의 필수 매체가 된다. 추상적이고 위협적인 것으로 나타나지 않으려면 권력은 일상의 경험 속에 침잠하고, 보통 사람들의 충성이라는 망토를 두를 필요가 있다. 지나치게 위압적이고 냉담한 것으로 보인다면, 권력은 움켜쥐고 싶어 하는 바로 그 시민들을 소외시킬 위험을 안게 된다. 버크는 정치인일 뿐 아니라 미학자로서, 그가 쓴 미학 논문은 미가 가진 쾌락적이고 조화로운 특징과는 반대편에 있으면서 두려움을 야기하는 숭고의 본질을 다루었다.[31] 미에 대한 이 안티테제를 정치적인 주장으로 변환하는 일은 어렵지 않다. 법 자체는 경외감을 불러일으키는, 일종의 남성적 '발기' 같으며, 아버지의 벗은 몸처럼 바라보기 끔찍하다. 따라서 우리가 사랑에 빠지도록 구슬리기 위해서 법은 크로스드레서가 됨으로써, 즉 유혹적인 여성 옷으로 꾸며 자신의 잔인성을 감추어야 한다. 버크는 권위와 맺는 우리의 관계에 오이디푸스적 양가성의 기미가 있음을 인지한다. 우리는 만성적 피학성애자로서 완고한 '아버지의 이름'에 짜증을 내지만 동시에 그 권위에 의해 위협당하는 데서 기쁨을 느낀다는 것이다. 그러나 문제는 이 위엄 있는 존재에 대해 갖는 존경심이 "우리가 어머니에 대해 갖는 총체적인 사랑을 가지지 못하도록 방해한다는 데 있다. 어머니의 자애와 너그러움은 부모의 권위가 거의 녹아 없어지도록 만들고 그로 인해 우리는 어머니에 대해 총체적 사랑을 느낀다. 반면 위엄 있는 존재에 대해서는 존경심을 갖기 때문에 여기에서 위험이 생겨난다. 즉 존경하면 사랑하지 못하고 반대로 사랑하면 존경하지 못한다. 부모의 권위가 어머니의 자애와 너그러움으로 거의 녹아 없어지도록 하는, 그 사랑을 갖지 못하도록 방해한다"는 것이다.[32] 그러므로 여기에서 생겨나는 위험은 법을 존중하면 사랑하지 않고 반대로 사랑하면 존중하지 않는다는 것이다. 따라서 부성과 모성 사이, 강압과 동의 사이에 균형이 맞춰져야 한다. 권력은 만족하도록 만들어야 하지만 그렇다고 신민들이 지닌 경외심과 존중심을 지워버리는 데까지 이르러서는 안 된다. 법이 입은 여성적인 옷은 그 아래 있는 남근의 불룩함을 암시하기 충분할 정도로만 속이 비쳐야 한다.

여성성에서 남성성으로의 이 변화에는 서술적 측면이 존재한다. 버크는 국가의 비폭력적 토대에 관한 로크적 환상을 갖고 있지 않다. 반대로 그는 정치적인 측면에서 대개의 국가는 폭력, 침략, 혁명 또는 강탈로 건설되었다고 믿는다. 따라서 국가의 기원은 위법이기에 오직 시간이 점차 경과해야만 국가의 시초에 베일을 드리워 혈흔을 숨길 수 있다. 강압으로 시작했지만, 나중에 이것이 동의로 변환되는 것이다. 만약 내가 오래전에 당신에게서 땅을 훔쳤지만 시간이 충분히 흘렀다면, 그 땅은 내 것이다. 그러나 내가 고작 지난주에 당신의 땅을 훔쳤다면 당신은 그 땅을 돌려달라고 요구할 권리가 있다. 나라가 더 오래 살아남을수록 그 통치권은 더 잘 받아들여지게 되는 것이다. 유혈사태 속에서 건립된 기억이 생생히 살아 있는 국가(이스라엘 같은 나라) 혹은 그 기억이 거의 생생하게 남아 있는 국가(북아일랜드 같은 나라)가 합법성에 관한 극심한 문제를 겪는 이유 하나가 여기에 있다. 범죄가 시간이 지나면 오랜 친구처럼 익숙해 보이듯, 효과적인 권력은 집단적 기억상실에 의존한다. 《인간 본성에 관한 논고 Treatise of Human Nature》에서 데이비드 흄 David Hume은 "오직 시간만이 (통치자의) 정당성을 견고하게 하며, 사람들의 정신에 점차 작용함으로써 그들을 권위와 화합하고, 권위를 정당하고 합리적인 것처럼 보이게 만든다"고 말한다.[33] 오래 지속되는 것, 그것이 적법한 것이 된다. 권력의 기초는 망각이다. 원초적 범죄를 숭배받는 적법성으로 전환하는 것은 무엇보다도 시간이다.

그러므로 정치를 문화라고 부르는 제2의 본성으로 전환하는 것은 바로 역사다. 문화는 우리를 과거에 견딜 수 없는 것으로 보였을 수도 있는 것에 길들인다. 버크는 "시간은 서서히 (…) 피정복자와 정복자를 뒤섞고 결합한다"고 쓰기는 하지만,[34] 그럼에도 모든 곳에서 그런 것은 결코 아니며, 아일랜드와 인도에서는 확실히 그렇지 않다고 생각한다. 프로이트가 개인들을 다루었던 그 방식처럼, 국가는 자신의 기원이라는 트라우마를 억압해서 그것을 정치적 무의식 속으로 찔러 넣음으로써 번영한다. 자코뱅파는 바로 이 일을 해내지 못했다. 그들은 문화라는 장식적 의복을 찢어버리고, 사회적 존재가 가진 부끄러운 근원의 맨살을 드러내며, 시선을 돌려 아버지의 남근을 불경스럽게 응시하면서 형이상학적 광분에 휩싸인 채로 대상 속으로 너무 깊숙이 탐문해 들어갔다. 이 숭고한 권위를 바라보면서 장님이 되지 않을 자는 없는데, 프랑스 혁명가들의 경우에는 빛이 너무도 환해 눈부셨기 때문에 실명했다. 버크에게 그 빛의 이름은 '이성'이다. 이성의 과잉은 광기의 한 형식이고, 버크의 아일랜드계 동포인 조너선 스위프트와 로런스 스턴Laurence Sterne 역시 이를 알고 있었다.

모든 권력은 어느 정도는 협잡꾼처럼 기만한다. 통치자들은 자신의 권위가 자의적이고 근거 없음을 알고 있으나, 그들의 신민들은 다르게 생각하도록 만들려 한다. 이 과정에서 문화나 미학—존중되는 관습, 귀족층의 화려한 매력, 왕권의 성스러운 분위기, 의회의 위용—은 핵심일 정도로 중요하다. 버크의 총체적 문화 기획은 왕이 벌거벗고 있다는 주장을 반박하려는 것이다. 그 대신 권력은 유익한 허구를 양육하고 환상을 견고히 함으로써 감각을 기만해야 한다. 대중이 필요로 하는 것은 진실이 아니라 행복감과 위안으로, 오직 상징과 의례를 효과적으로 잘 사용하는 사회만이 이를 제공해줄 수 있기 때문이다. 번영하기 위해서 국가는 자신을 하나의 예술 작품으로 변모시켜야 하는 것이다.

하지만 이런 상황에 또 다른 면이 있다. 버크에게 문화는 권력의 도구일 수 있겠지만, 권력에 이의를 제기할 수 있는 영역이기도 하다. 만약 문화가 사회 구성체의 접착제라면, 또한 잠재적 균열 지점이기도 하다. 어떤 의미에서 문화는 정치의 반대편에 있는 것으로 보인다. 정치가 실용적 사안, 의식적 계산, 당대의 날카로운 쟁점을 다루는 문제인 반면, 버크가 주장하는 의미에서 문화는 거의 지리가 바뀔 정도로 느리게 자리잡는 사안으로, 애정과 혐오가 완만하게 침전되면서 갑작스러운 변화에 저항한다는 것을 증명한다. 문화는 끊어지지 않고 연속되는 장소, 언어, 동류 의식, 믿음, 공동체의 문제고, 그런 의미에서 여러 역할 중에서도 좌파 혁명을 막는 우파의 방어벽 같은 역할을 담당한다. 문화는 결코 본질적으로 급진적인 개념이 아니다. 사실 19세기 초 유럽에서 문화 개념이 발흥하게 된 주요한 이유 하나를 대보라는 질문을 받을 때 '프랑스혁명'이라고 대답하는 것보다 더 나쁜 건 없을지도 모른다. 문화 개념이 그런 정치적 소요에 맞서서 사용되었기 때문이다. 하지만 버크가 식민지 주민으로서의 자신의 정체성을 염두에 둔 채 인식하듯, 문화는 혁명의 해독제가 될 수 있을 뿐만 아니라 혁명의 박차가 될 수도 있다. 그의 시각에 따르면, 인민의 유서 깊은 습속들을 고압적으로 무시하는 일이야말로 사회적 격변을 이끌어낼 가능성이 가장 많다. 따라서 문화와 전통은 보존적 힘뿐 아니라 파괴적 힘이 될 수 있다. 본국에서는 보수적이라고 여겨져도 식민지의 상황 속에서는 급진적이 될 수 있다. 버크의 우파 추종자들이 이해하지 못하는 것이 바로 이 점이다. 웨스트민스터의 의원 동료* 대부분 또한 이 사실을 몰랐는데, 그들 중 아일랜드인이라는 약점을 지고 고투했던 이가 거의 없음을 고려해보면 당연하다. (주목할 만한 예외 하나는 극작가이자 하원의원이었던 리처드 셰리든Richard Sheridan으로, 그는 영국 정부의 장관과 아일랜드인 연맹이라는 혁명조직의 동조자로 잠깐이나마 경탄스러운 이중 행보를 실천했던 인물이다.)

정치의 반대항으로서 문화라는 관념—주고받는 타협이나 투표 조작보다 더 고귀하고 순수한 영역으로서의 문화—은 이른바 '문화비평Kulturkritik'의 계통에 속해 있는데, 정신의 생명력이 단순한 실용성 때문에 얼룩져서는 안 된다고 주장한다.[35] '문화비평'은 정치에서 문화를 분리시키는데, 사실 오늘날 우리 시대의 문화정치는 하나(정치)가 다른 하나(문화)로 축소될 위험에 놓여 있다. 버크는 이 둘 중 어떤 쪽도 아니다. 그의 관점에서 문화와 정치는 분리도 융합도 되지 않는다. 대

---

* 영국 의회를 말한다.

신 필요한 것은 문화와 정치 간의 복잡한 관계를 파악하는 일이고, 게다가 그것이 대등한 둘 사이의 관계는 아니라는 진실을 인식하는 일이다. 결국 더 우세한 쪽은 문화다.

* * *

독일 철학자 요한 고트프리트 헤르더는 에드먼드 버크와 동시대인으로, 사상사에서 그의 중요성은 아무리 높게 평가해도 과장이라고 말하기 어려운 저자다. 그는 문화, 텍스트, 사건, 개인의 역사적 상황에 주의를 기울였던 최초의 위대한 역사주의 사상가들에 속한다. 그가 사용한 접근 방법은 유럽 사상에 거대한 지적혁명을 가져온 방법에 속한다고 묘사되어 왔다.[36] 그는 근대 민족주의의 아버지로 칭송받기도 했고, 총체적 삶의 방식으로서 문화라는 관념을 유럽 사상계에 처음 소개한 이로도 인정받았다. 이 정도만으로도 엄청나지만 헤르더를 제대로 표현하는 데는 부족하다. 그는 사회생활 속에서 대중문화의 역할을 가장 먼저 인식한 사상가 중 한 명이었을 뿐 아니라 근대 문학이론의 토대를 잡은 이 중 하나기도 했다. 그러하므로 그의 위치는 우리가 오늘날 문화연구로 알고 있는 것의 근원에 자리 잡고 있다. 그는 언어철학의 선구자기도 한데, 어떤 이들은 언어철학을 그가 만들어냈다고 여기기도 한다. 철학자 찰스 테일러Charles Taylor는 헤르더가 "언어와 의미에 대해 근본적으로 다르게 생각하는 방식을 고안했다"고 주장하면서 이를 "헤르더 혁명"이라고 이름 붙이기도 한다.[37]

이런 성취에도 불구하고, 영어권에서 헤르더의 이름은 동시대인으로 아일랜드인이며 그와 동일한 생각을 가졌던 버크에 비해 덜 알려져 있다. 그가 상대적으로 무시당한 이유 중에는 나치가 그를 인종주의자로 숭배했다는 사실도 분명 들어 있다. 전반적으로 버크가 반동주의자가 아니었듯 헤르더도 인종주의자가 아니었지만 그러했다. 위대한 자유주의자 칸트를 포함해 동시대의 상당히 많은 다른 사상가와 마찬가지로 헤르더도 어떤 인종이 다른 인종보다 더 발전했다고 믿었고, 그가 퇴행적이거나 유치하다고 여겼던 인종들을 비하하는 편견을 종종 내보였다. 하지만 그의 생각은 나치와는 전혀 달랐다. 그런 사람들이 완전한 인권을 부여받기에 부족해 식민화 혹은 노예화해야 한다고 생각하지는 않았던 것이다.

헤르더와 버크가 언제나 생각이 유사한 것은 아니다. 예컨대 헤르더는 비록 초기의 많은 열혈 지지자와 마찬가지로 나중에는 환멸을 느끼게 되었지만, 프랑스혁명에 갈채를 보내며 반겼다. 버크가 옛 방식의 기사도 정신으로 여성을 대하는 데 반해, 헤르더는 "남자나 국가가 여성을 대하는 태도보다 그들의 진정한 인격을 보여주는 사실은 없다"고 말하면서 여성의 해방을 용감하게 외친다.[38] 그에 따르면 여성 대부분은 자신들이 속한 사회 내부의 노예들이다. 버크가 질서를 소중히 여긴다면, 헤르더는 자유를 높이 평가한다. 인간에 대한 버크의 시각이 어두운 쪽이라면, 반대로 헤르더의 시각은 훨씬 더 낙관적이다. 악 같은 것은 존재하지 않으며, 죽음은 단지 상태의 변화일 뿐이고, 역사는 신의 작품이라고 헤르더는 선포한다. 버크는 인류의 진화에 대해 헤르더보다 상당히 덜 감상적인 눈으로 바라본다. 이 아일랜드인의 시각에서 정치적 국가는 존중되어야 하는 반면, 이 독일인의 시각에서 정치적 국가는 모든 개인성을 억누르는 가혹한 행정 기계다. 헤르더가 보기에 역사를 만들어가는 진정한 주인공은 시인과 예언가지, 정치가가 아닌 것이다.

그럼에도 이 둘 사이에는 몇몇 놀라운 친연성이 있다. 버크처럼 헤르더도 문화가 정치보다 더 결정적이라고 여긴다. 루터교 목사였던 헤르더의 경우에는 그리 놀랍지 않긴 하지만, 두 사람 모두 종교가 문화의 중심에 있다고 본다. 관념은 지식인의 영역이지만, 종교는 감정 민주주의의 일종이자 모두에게 열려 있는 본능과 애정의 보물창고다. 두 작가 모두 국가는 습속, 전통, 감정에 의해 통치되어야 한다고, 사회는 유기적으로 성장하는 것으로 보여야 한다고 생각했다. 유기적 성장을 하는 사회는 중앙집권적인 종류의 조직에 저항하는데, 버크는 이 조직이 프랑스혁명기의 자코뱅당에게서 나타난 것을 보고 혐오했고, 헤르더는 이 조직이 독일의 절대왕권 체제에서 드러난 것을 보고 역겨워했다. 두 사람 모두 구체적이고 상황적인 것을 중시한 낭만주의자지만, 어떤 보편적인 기준을 무조건 따르는 일은 거부한다. 동시에 이 두 사람은 한목소리로 지역적 헌신과 국가 내부의 연대와는 반대편에 있는, 보편적 인도주의에 대한 가짜 추종이라고 여겨지는 것을 비판한다. 헤르더는 "모든 나라에 대한, 심지어 적들에 대해서도, 보편적 사랑의 이상이 칭송되지만, 반면 가족에 대한 따스한 감정과 우정의 쇠락은 허용된다"고 당대의 시대정신에 불만을 토로한다.[39] 버크에게 그렇듯 헤르더에게도, 공감과 사랑은 그가 아예 제쳐놓았던 '차가운 이성'보다 더욱 소중하다.

헤르더 또한 버크처럼 노예제, 폭정, 식민지 강탈, 원주민 문화의 파괴를 증오한다. 동일한 위치에 있는 아일랜드인 버크처럼, 헤르더도 약소국들의 대의를 옹호하면서 유럽의 제국주의 열강들이 언젠가는 마땅한 벌을 받게 될 것이라 경고한다. 헤르더는 식민 열강의 지배를 받는 신민들에게 이렇게 말을 건다. "우리 유럽인들이 다른 대륙을 노예화하고 기만하고 약탈하기 위해 더 많은 수단과 도구를 만들어내면 낼수록, 마지막에 당신들이 이기게 될 가능성은 더욱 커질 것이다. 우리가 벼린 쇠사슬로 어느 날 당신들은 우리를 묶어 끌고 다닐 것이다."[40] 유럽은 식민지를 자신의 힘없는 복제품으로 빚어내려고 해서는 안 된다고 그는 주장한다. 대신 반드시 존중되어야 하는데, 다른 나라의 문화는 각각이 인류 전체의 보편적 발전에 대해 특유의 방식으로 공헌하기 때문이다.[41] "선은 지구 전체에 퍼져 있지 않은가?"라고 그는 묻는다.[42] 버크가 인도에 대해 그렇게 믿었던 것처럼, 다른 민족들의 독특한 성향을 파악하기 위해서는 편견을 내려놓고 그들 문화의 내부에서 삶의 형태를 포착할 필요가 있다는 것이다. 헤르더는 "흑인들의 나라로 들어갈 때, 우리의 오만한 편견을 제쳐둔 채로, 마치 다른 부분이라고는 아예 없는 것 같은 공명정대함으로 흑인들만의 나라를 고려하는 것만이 옳다"고 주장한다.[43]

그렇다면 헤르더는 나치가 그에게서 볼 수 있다고 주장했던 맹렬한 독일 민족주의자와는 거리가 멀다. 하지만 적어도 후기 저작들을 본다면, 그는 순전한 문화 상대주의자도 아니다. 그는 우리 시대 포스트식민주의 사상의 주요한 특징이자 식민주의적 가치의 부끄러운 도치에 불과할 수 있는 '타자'에 대한 수동적 비판 거부에 열광하지 않았을 것이다. 대신 그는 고대 로마인에서부터 근대 티베트인에 이르는 인류 문화 전체에 대해 부정적 판단을 내리는 데 전혀 거리낌이 없다. 이러한 평가는 때로 인종주의나 자민족 중심주의의 영향 때문이기도 하고, 아니기도 하다. 어떤 나라는 특정한 면에서 다른 나라들보다 우월하지만, 문화는 그런 식으로 우월이나 열등을 가릴 수 없으며, 그 어떤 나라도 다른 나라에 대해 공격적 혹은 확장하고자 행동할 권리를 갖고 있지 않다. 자기만족에 빠진 유럽인과는 한참 거리가 먼 헤르더는 유럽 대륙이 중세 이래로 슬픈 쇠락 상태에 들어가 있고, 따라서 급진적인 문화적 재생이 필요하다고 주장한다. 유럽은 분명 하나의 문명이지만 활력 있는 문화적 뿌리와의 교감을 잃어버렸으니, 이것이야말로 헤르더가 자신의 저작을 통해 바로잡고 싶었던 재앙이었다. 다른 많은 낭만주의자가 그러하듯, 헤르더의 기획은 문명을 문화로 전환하는 것이다.

헤르더는 인간이라는 종이 완벽해질 수 있다고 믿는다. 문명은 때때로 퇴보할 수 있지만, 전체적으로 보면 문명은 보편적 안녕이 증가하는 상태로 나아가는 중이다. 하지만 그는 이런 식의 계몽적 낙관주의를 가지고 있는 동시에 계몽주의의 전형적 진보관을 거부한다. 헤르더에게 역사는 결코 단일하고 획일적이며 선형적인 진화의 경로를 따르지 않는다. 오히려 각각의 문화는 흉내 낼 수 없는 자신만의 방식과 자신만의 속도로 변화한다. 진보의 관념은 복수형이다. 동시에 '교양'이나 조화로운 자기 발전으로서 문화 개념은 개인의 차원에서 전체 민족의 차원으로 전환된다. 헤르더는 민족들의 정신적 진화는 유토피아를 향한 어떤 보편적 행진에 기여한다는 단순한 이유 때문이 아니라 진화 자체가 가치 있다고 본다. 한 비평가가 논평하듯이, 핵심은 "'진보'의 궤적을 추적해가는 게 아니라 인간적 탁월성의 다양한 측면들을 식별하는 것"이다.[44] 여기에서 거침없는 목적론은 작동하지 않는다. 헤르더는 선언한다. "시간이 지나면서 사라져간, 세상 모든 곳의 사람들이여, 당신들은 그저 죽어서 이 땅에 양분을 제공하려고 산 것이 아니었다. 그러므로 세상이 끝날 무렵 당신의 후손들은 유럽 문화를 통해 행복해질 수 있을 것이다".[45] 비서구 공동체들은 보편적 발전이라는 제단에 바쳐진 희생양으로 축소될 수 없다. 마찬가지로 역사도 일방통행로가 아니다. 현재는 무지몽매한 것으로 알려진 과거로부터 많은 것을 배울 수 있는 것이다. 마르크스와 헤르더는 둘 다 문명은 이득과 손실을 모두 포함하며, 모든 사회적 진전은 기능상 어느 정도 쇠퇴하기 마련이라고 보았다.

헤르더와 버크, 두 사람 모두 이성이 직접적 체험에 기반을 두고 있다고 주장한다. 인지와 감각은 서로 밀접한 관계를 맺고 있다. 여러 가지로 해석될 수 있겠지만, 이 말은 개념에 의지하고 있는 권력이 체험적 사안인 문화에 근거해야 함을 의미한다. 예술보다는 지각과 감각에 주로 관심을 두고 있었던 버크는 미학자라는 말의 본래 뜻 그대로 미학자다. 사실 근대 미학은 신체에 대한 담론으로서 시작한다.[46] 숭고와 아름다움에 대한 논문에서 버크는 우리가 진동수가 낮은 소리를 듣거나 부드러운 표면을 어루만질 때의 느낌, 어둠 속에서 동공이 확장될 때나 어깨를 살짝 두드릴 때의 느낌에 매료되어 있음을 드러낸다. 헤르더 역시 생각은 신체와 연결되어 있고, 언어는 단지 의사소통이 아니라 정서적이고 표현적이라고 믿는다. 인간 생리에 생긴 작은 변화가 이 행성의 운명을 변형할 것이라고 그는 주장한다. 버크 또한 동일하게 생각하는데, 그에게 언어는 전달보다는 수행, 보고보다는 수사의 문제다. 갈고 닦아 빛이 나는 은유와 극적인 몸짓으로 장식된 그의 장엄한 산문체야말로 이런 시각을 전형적으로 보여주는 사례다.

헤르더는 언어가 우리의 사회적·감각적 활동과 밀접한 관련이 있다고 보고 있어, 니체와 비트겐슈타인의 사유를 앞지른다. 비트겐슈타인과 마찬가지로 헤르더에게 단어는 실제적인 삶의 형태 속으로 짜여 들어가야 비로소 의미를 갖는다. 심지어는 같은 동네에 산다고 해도 우리가 각기 다른 세상에 거주할 수 있는 것은 언어 때문이다. 화법은 우리가 인체 기관을 사용해 실제 환경을 대처하는 방식으로, 우리가 가진 더욱 추상적인 개념들 모두가 이 소박한 뿌리에서 솟아나는 것이다. 순수이성은 불가능한 망상이다. 버크가 그렇듯 헤르더도 이성적 추론보다 믿음, 감각, 체험, 직관을 더 높이 평가한다. 실제로 헤르더는 시간과 공간의 범주를 신체적 체험에 묶어놓지 않았을 뿐 아니라 인지 과정에서 언어의 역할을 과소평가했다는 이유로 그의 위대한 스승인 칸트를 비판하는 배짱을 보였다. 그는 칸트의 체계 속으로 언어를 집어넣는 일은 역사와 문화가 작용할 때 언어도 함께 작용할 가능성을 열어젖히는 것이라고 주장한다. 버크처럼 그도 철학적 체계를 구축하고자 안달 나 있었다. 비록 그의 작업은 유인원의 앓는 소리에서부터 우주의 구조에 이르기까지 걸쳐 있어 아일랜드인 버크의 작업보다 훨씬 더 야심찬 것이기는 했다. 심지어 헤르더는 세계사 집필을 슬쩍 고려하기까지 했다.

언어 분야에서 헤르더는 아마 언어와 생각이 분리될 수 없다는 학설—그가 창안하지는 않았으되 많은 부분 발전시켰던—덕분에 가장 잘 알려져 있을 것이다. 모든 담론은 대화적이고 생각이란 일종의 내적 발화라는 바흐친학파의 시각은 헤르더의 많고 많은 저작 속에 이미 나타나 있다. 널리 인정받는 이 이론적 입장에 대해 몇 가지의 불순한 의문을 제기해볼 때가 왔을 수도 있겠다. 만약 문화이론가들이 갓난아이들과 놀거나 동물들과 장난치는 시간을 더 늘린다면, 이 말 못하는 존재들('infant'라는 단어는 '말 못하는 이'를 의미한다)이 말을 하지 못함에도 불구하고 부자연스럽지만 '생각'처럼 보이는 무언가를 할 수 있다는 사실을 알게 될 수도 있을 것이다. 걸음마 하는 아기가 지금 엄마가 잠깐만 자신의 눈앞에 없다는 사실을 알아차리듯, 개는 나무 위 높은 곳에 앉아 있는 고양이를 보면서 그보다 더 잡을 가능성이 높은 것을 쫓는 게 낫다고 판단할 수 있다. 물론 개는 미국 남부의 뱁티스트파가 될 수 없고 걸음마 하는 아기는 신다윈주의자들이 될 수 없다는 건 사실이다. 이는 실제로 그들에게는 언어가 없다는 사실과 관련이 크다. 신체에 결정적으로 의존하지 않는 이런 복잡한 문화적 행위들에는 어떤 종류의 기호 체계가 필수적이다. 그러나 걸음마 하는 아기가 '미친 듯이 기침을 해서 저 망할 다른 아기에게서 엄마의 관심을 나한테 돌릴 거야'라는 생각을 하기 위해 저 말을 발화할 필요가 있는지는 분명하지 않다. 마찬가지로 이 아기가 '저 장난감 자동차 위에 내 발을 올리면 잘못된 방향으로 구르던 자동차가 서게 될 거야'라고 속으로 생각할 필요도 없다. 여기에서 작동하는 것은 일종의 실질적인 혹은 신체적인 지성이고, 그로 인해 더욱 명확히 표현된 발화의 형태가 생겨나는 것이다.

자신의 전철을 따랐던 많은 이와 마찬가지로, 헤르더는 언어가 인간 문화의 결정적인 요소라고 여긴다. 그는 모든 언어가 다른 언어들의 토막과 찌꺼기로 구성된 혼종임을 인정하면서도, 발화 양식의 단일성이 한 민족의 단일성을 반영하는 것이라고 생각한다. 후에 비트겐슈타인은 《철학적 탐구》라는 책에서 "언어를 상상하는 것은 삶의 형태를 상상하는 것"이라고 썼다. 헤르더에 따르면, 각각의 언어는 특정한 사람들이 가진 특유의 세계관에 목소리를 부여한다. 그래서 비록 그런 언어 공동체들 간의 교차수정受精이 많을 수 있지만, 헤르더가 무엇보다 높이 평가하는 것은 언어 공동체들의 특이성이다. 문화에는 다양성이 풍부하게 존재하지만, 그 문화들 각각은 하나의 완전체로 볼 때 가장 잘 파악된다. 내부의 복수성은 일반적으로 바람직하지 못하다. 실제로 식민주의에 대한 헤르더의 불만 중 하나는 이전에 순종이었던 민족을 잡종화한다는 것이다. 만약 그가 노예제를 혐오한다면, 부분적으로 노예제가 사람들을 그들의 고향 땅에서 떼어내어 다른 문화로 이식함으로써 이 노예들의 퇴행을 야기할 수도 있는 혼종화로 이끌기 때문이다. 국민은 자연스럽게 인류를 나누는 단위다. 헤르더는 그 단위들을 묶어 연방동맹으로 만들기를 기대하는 사람이므로, 독일 국수주의자라고는 결코 볼 수 없다. 그러나 사람들의 이주가 불가피한 상황에서 국제주의자적인 외양이 칭송받음에도 불구하고, 헤르더는 아마도 다음과 같은 T. S. 엘리엇의 독단적 견해에 동의했을 것이다. "전반적으로, 인류 대다수는 자신들이 태어났던 곳에서 계속 살아가는 것이 최선인 것으로 보인다."[47] (엘리엇 자신은 미국 미주리주의 세인트루이스에서 자랐으나, 영국의 옥스퍼드대학교에서 대학원 과정을 밟았고, 유럽 대륙을 많이 여행했으며, 런던에서 여생을 보냈다.)

헤르더에 따르면, 언어가 사람들의 경험에 담긴 생생한 요소들을 표현할 때 문화는 가장 훌륭해진다. 이는 최근의 F. R. 리비스F. R. Leavis의 작품에서도 찾을 수 있는 시각이다. 언어는 숙성되고 꽉 차고 향기가 만발한 채로 일종의 시와 같이 생겨나지만, 문명이 허망한 세련됨으로 쇠퇴할수록—혹은 달리 표현해, 프랑스풍으로 되어갈수록—더 기운 빠지고 활기 없는 상태가 된다. 한편, 식민주의는 피식민지인들의 재산이나 기타 물질적 조건을 변화시키고, 이 과정에서 이들의 언어가 지닌 생명력을 빼앗는다. 식민주의는 심지어 피식민지인에게서 모국어 자체를 강탈할 수도 있으며, 그럼으로써 이들의 경험 그 자체를 제거해버린다. 아일랜드의 민족주의 지도자인 토머스 데이비스Thomas Davis는 이렇게 비판한다.

> 한 민족에게 다른 언어를 사용하라고 강요하는 일은 (…) 그들의 역사를 번역이라는 사건들 속에서 표류하게 만드는 일이다. 그 일은 그들의 정체성을 모든 곳에서 벗겨내는 것이고, 생생하고 연상적인 이름들을 자의적인 기호로 대체시키는 것이고, 함의된 감정을 잘라내어 민족을 그들의 조상으로부터 멀찍이 분리하는 것이다.[48]

언어와 문화는 한 민족의 정신적 일대기를 증류한 것인데, 일단 그 독특한 풍미가 흐릿해지고 변질되는 순간 망가지기 시작한다.

헤르더는 계속 다음처럼 언급한다. 언어를 원래 그대로의 건강한 상태로 회복시킬 수 있는 것은 보통 사람들의 삶이다. 그건 마치 중간계급과 상류계급이 문명을 나타내는 반면, 일반 민중은 문화를 대표하는 것과 같다. 그들 자신은 자각하지 못하지만, 반쯤 굶주린 소농들과 피곤에 찌든 공장 노동자들이 영원한 지혜의 보고寶庫를 구성한다. 그런 이유로 독일은 라신Jean Baptiste Racine, 괴테, 그리고 특색 없는 신고전주의에서 벗어나 민속 예술의 순수함, 생명력, 단순함으로 눈을 돌렸으리라. 맨 위에서 반쯤은 죽어 있는 문명을 구원할 이들은 바로 민중Volk인 것이다. 대중의 동물적인 생명력은 소진된 사회에 다시 활기를 불어넣을 것이다. 이런 의미에서 문화란 문명에 대한 내적 비판이다. "궁정, 대학, 도서관, 미술관이 나라, 인민, 신민들의 교육과 관련해 도대체 한 일이 무엇이었나?" 헤르더는 경멸을 드러내며 묻는다.[49] 민중의 노래는 물론 바그너의 오페라만큼이나 인위적이고*, 민중이라는 개념 자체는 중간계급 지식인들의 발명품이다. 그러나 헤르더는 그 당시의 민중문화가 호메로스, 소포클레스, 셰익스피어의 예술을 키워냈고, 그 자신의 시대에 이러한 창조적 에너지의 지속적인 원천이 다시 열려야 한다고 확신했다. 그는 민중문화를 개별 예술가들이 영감을 끌어오는 집단 무의식처럼 여겼던 것이다.

그러므로 과거의 우화와 노래는 미래의 기반을 놓기 마련이다. 토착 문학이야말로 민족의 형성이라는 과업을 위임받아야 한다. 다시 한번 예술은 한가한 향락이라기보다 공적 현상이자 사회적 개입이 된다. 미학은 윤리학에, 문명은 문화에, 인위성은 자발성에, 기록된 단어는 살아 있는 목소리에, 그리고 상류계급은 보통 사람에 종속되어야 하는 것이다. 헤르더의 기획은 '문화'라는 단어가 가진 수많은 다양한 의미를 결합한다. 즉 예술로서의 문화는 (서민들의) 삶의 형태로서의 문화에 의해 육성되어야만 하고, 그럼으로써 총체적 문명이라는 의미에서의 문화가 복구될 수도 있다. 버크는 권력이 서민들의 문화에 구애해야 하는 것이라고 보았고, 헤르더의 경우는

---

* 민중의 노래(민요)는 위대한 작곡가들의 음악과 달리 '자연적', '자발적'인 것처럼 표상되지만 그렇지 않다는 것이다.

아주 과격해서 권력이 자기 자리를 내려놓고 대신 서민들의 삶의 방식이 통치해야 한다고 보았다. 서민들이 역량을 발휘하게 되면, 국가는 시들어 사라져야 한다.

* * *

전통주의자 T. S. 엘리엇보다 헤르더의 낭만적 포퓰리즘에서 더 멀리 떨어져 있는 것처럼 보이는 사상가는 거의 없다. 하지만 재즈 음악과 보드빌 극장* 애호가였던 엘리엇은 자신만의 귀족적인 방식으로 헤르더만큼이나—이 두 사람 사이에 놓인 깊은 정치적 차이가 무엇이었든지 간에—민중문화에 사로잡혀 있었다. 버크에게 그렇듯이 엘리엇에게 '문화'라는 단어는 우선 사회적 무의식을 의미한다. 문화는 "탄생에서 무덤까지, 아침에서 밤까지, 심지어 잠든 상황에서까지, 사람들의 '총체적 삶의 방식'"을 뜻한다.[50] 그러나 이 삶의 방식은 우리가 완전히 인지할 수 있는 대상이 절대로 아니다. 엘리엇에 따르면, 문화는 "결코 완전히 의식될 수 없다. 거기에는 언제나 우리가 의식하는 것 이상이 존재한다. 문화란 우리가 하는 모든 계획의 무의식적 배경이므로 계획될 수도 없다."[51] 하이데거식 용어로 하자면, 문화는 애초에 우리의 생각과 행동을 가능하게 만드는 세계를 미리 이해하도록 하거나 혹은 원초적인 지향을 가능케 하는 집합을 표상하기에 언제나 문화의 전

---

* 노래와 춤을 섞은 대중적인 희가극. 19세기 후반에서 20세기 초 사이에 유행했다.

체 모습에 대한 파악을 불가능하게 한다. 라캉의 어법을 빌리면, 문화는 그 안에서 어떤 특정한 타자라도 모습을 드러낼 수 있는 대타자의 영역이다.

엘리엇의 주장은 문화는 결코 완전히 의식될 수 없다는 데서 시작해 절대 계획될 수 없는 것으로 바뀌어가는데, 그의 주장에 나타나는 변화를 주목할 가치가 있다. 그가 함의하는 것처럼 보이듯 만약 문화가 어느 정도 의식할 수 있는 것이라면, 어느 정도의 계획은 분명 가능해 보인다. 우리 마음 아주 깊숙한 심층부의 가정 모두를 (그 가정 중 일부는 맥락상 당연히 점검 가능하지만) 언제나 점검할 수 없다는 것이 우리가 지역 예술 정책을 펼치거나 국영 철도 시스템을 만들어내지 못하도록 막는 것은 아니다. 이 지점에서 국가 개입과 사회 공학에 대한 보수적 반대파인 엘리엇은 철학적 주장에서 암묵적인 정치적 주장으로 다소 교활하게 이동한다. 이런 식으로 문화를 지극히 결정론적인 현상으로 보이게 만듦으로써, 엘리엇은 정반대쪽 방향으로 이데올로기적 통행증을 팔 위험이 있다.* 만약 우리가 속속들이 이 깊은 무의식적 힘에 의해 형성된다면, 자신에 대해 책임질 수 있다는 게 무슨 의미겠는가? 우리의 종교적 믿음이나 왕당파적 신념 같은 것들에 무슨 값어치가 있겠는가?

엘리엇은 영국 국교회 가톨릭 보수주의자로 대다수 사람은 진정한 사유를 할 수 없다고 간주하므로, 그런 그가 공통문

---

* 이데올로기적이지 않은 것같이 보이지만 정반대로 대단히 이데올로기적이라는 뜻이다.

화common culture*를 강력히 지지한다고 선언하는 것이 놀랍다
고 여길지도 모른다. 그러나 그의 시각에서 공통문화는 결코
평등주의적인 문화가 아님을 인식한다면 그 놀라움은 좀 줄
어들 것 같다. 모든 시민은 동일한 삶의 형태를 취하기는 하지
만 동일성에서 현저히 불균등하다. 이 동일한 문화를 보통 사
람은 무의식적으로, 소수의 사람은 스스로 의식하며 살아간
다. 소규모의 배타적인 지식인 집단은 근본적 진리를 곰곰 곱
씹는 반면, 대다수 사람은 자신들도 모르는 채로 이 진리에 속
하는 몇몇 가치관들을 고수한다. 대신 보통 사람은 매일의 행
동과 의식의 준수를 통해 자연스럽게 이 가치들을 실행한다.
사실 평범한 이들이 대단한 자기 성찰을 할 수는 없다 해도 정
신적 가치를 실천하며 살아간다면, 무의식적인 형태로 좋은
삶을 살게 되기 마련이다. 게다가 냉철한 개념 분석을 과도하
게 하면 보통 사람들의 자발적인 충성과 헌신을 망가뜨릴 수
도 있는 것이다. 당혹스럽지만, 문화는 가장 미묘한 종류의 지
식이자, 알고 있되 안다는 사실까지 알 필요가 없는 것이기도
하다. 혈우병에 걸렸다는 사실을 몰라도 혈우병 환자가 될 수
있듯이, 교양이 있다는 사실을 전혀 모르는 채로도 대단한 교
양을 가진 사람이 될 수 있다. 하지만 소수가 가진 가치관들을
전체 인구가 갖도록 의식적 확장을 이룬다는 건 불가능하다.
왜냐하면 "문화가 가진 더욱 의식적인 부분의 과실들을 음미

---

* 대다수 사람이 공유하는 문화로, 앞에서 말한 민중문화 혹은 대중문화와 같은 의
미로 쓰였다.

하는 능력을 모든 이와 나눈다는 목표는 그 과실들의 질을 떨어뜨리고 값싸게 만드는 일"이기 때문이다.[52]

엘리엇이 염두에 두고 있는 사회질서는 기독교적 신념이 핵심으로, 세속적 사제들인 지식인들과 상류계급 중 사회적으로 더 양심적인 이들이 단순한 신도들 위에 자비를 베풀며 군림하는 것이다. 그가 이런 이상을 제안했던 시기에는 그것이 진실이었다. 당시에는 종교적 신앙이 적어도 한 세기 이상 대중 사이에서 신뢰를 잃어버리고 있었던 것이다. 그럼에도, 종교적 신앙 없이 그런 공동체의 토대를 세우는 것은 어려울 터인데, 이는 엘리트와 대중 모두가 공유하는 문화적 형식이 거의 없을 뿐 아니라, 실제로 고위성직자와 배관공이 어쩌다 공유하게 되는 문화적 형식들에는 거기에 필요한 정신적 깊이가 결여되어 있기 때문이다. 크리켓 경기라든가 동요 〈테디 베어의 소풍〉이 가진 훌륭한 예술성에 대한 경탄이 사회질서를 접합하는 시멘트 역할을 해줄 것 같지는 않다.

살펴보았듯, 버크는 엘리트 문화의 보존을 원하지만 그 문화가 살아남으려면 대중의 경건함에 반응을 보여주어야 한다고 확신한다. 더욱 전복적인 헤르더는 통치자들의 문명이 피통치자들의 문화에 자리를 내어줘야 한다고 요청한다. 엘리엇의 경우는 더 복잡하다. 헤르더와는 달리 그는 대중문화를 소규모 집단의 예술 위로 승격시키지 않는다. 대신 그는 이 둘 사이가 서로 연결 고리를 만드는 데 전념한다. 고급 예술을 전설과 민담으로 대체하고자 하는 게 아니라 예술이 (대중문화의) 그런 비옥한 원료들로부터 영양분을 공급받게 해서, 그로 인해 사회적 무의식 안에 있는 자신의 뿌리를 재발견하게 한다. 실제로 〈황무지 *The Waste Land*〉는 소수의 문화가 낳은 작품이지만 그 작품이 소위 집단 무의식에서 뽑아낸 신화와 모티프에 의지하고 있다고 하면, 그 작품에 대한 나쁜 묘사는 아닐 것이다. 바로 이런 이유로 엘리엇이 자기 작품의 그 가공할 만한 난해함에도 불구하고, 그의 작품을 읽는 독자들이 절반의 문맹이기를 선호한다고 상당히 모순되는 주장을 했던 것이다. 지적 문제들에 순진하게 현혹되지 않는 이 반문맹 semi-literate 독자야말로 엘리엇의 시가 갖는 무의식적 암시들에 더 적극적으로 호응할 가능성이 많은 것이다. 그는 자신의 독자들이 그의 시에 담긴 난해한 암시들을 기민하게 알아차리는지의 여부에 비교적 무관심하다. 왜냐하면 그의 시는 한층 더 개념적이지 않은 수준에서 은밀하게 그 암시들을 다루기 때문이다. 실제로 엘리엇 자신은 이탈리아어를 한 단어도 이해할 수 없었을 때 단테를 즐겨 읽었다고 주장하기도 했다. 사람은 정신보다는 내장과 신경말단으로 책을 읽어야 한다는 것이다. 버크와 헤르더에게 그렇듯, 엘리엇에게도 사유는 신체의 문제다. 의식의 차원에서는 소수의 문화와 대중의 문화가, 전자를 후자 쪽으로 확장시킴으로써 희석과 부패가 발생하지 않도록, 계속해서 엄격하게 분리되어 있어야 한다. 그러나 그 두 영역 사이에는 일종의 잠재의식적 소통이 가능한데, 문화의 의식적 차원(예컨대 종교 교리)이라고 부를 수 있는 것이 공동체의 무의식 속으로 잠입하고, 이 무의식이 또다시 표면의 가치들을 은밀하게 형성하는 것과 같은 일이 생기기 때문이다.

오늘날 대부분의 문화이론가는 보통 사람의 삶과 단절되었다는 이유로 엘리트를 비판한다. 이들은 자신들이 받아들이지 않는 엘리트의 주장을 희화화하고 그 주장을 옹호하는 이들의 교활함을 과소평가한다. 대부분의 기민한 엘리트주의자처럼, 엘리엇은 소수의 가치가 공통의 토양에 스스로 자리 잡지 않으면 꽃을 피울 공산이 높지 않음을 인식한다. 그가 파시즘과 공유하고 있는 통찰이 바로 이것이다. 따라서 문화의 두 의미, 곧 소규모 집단의 작품으로서의 문화와 총체적 삶의 방식으로서의 문화 사이에서 에너지가 항상적으로 순환되어야 한다. 더 높은 수준의 문화는 "그 자체로 가치 있을 뿐 아니라 하층계급을 풍요롭게 해주는 것으로 여겨져야만 하며, 그래서 문화의 운동은 각각의 계급이 다른 계급에 자양분을 공급해주면서 일종의 순환을 형성하는 것"이라고 엘리엇은 주장한다.[53] 엘리엇은 "높은 수준의 문화"를 유지하는 것은 "단지 그 문화를 유지하는 계급에게만이 아니라 전체 사회에 혜택을 준다"고 쓴다.[54] 요컨대 이자율의 변화 혹은 더 무자비하고 초도덕적인 비밀정보기관의 변화로 인해 혜택을 받는다는 사실을 모르는 채 혜택을 입을 수 있다. 대중은 자신들이 중요한 가치를 받아들이고 있다는 사실을 인식하지도 못한 채로 소수 문화에서 가치를 수확할 것이다. 농장 일꾼들이, 한 줌밖에 안 되는 소수의 동료 시민이 섬세하고 정교한 오스트리아 작곡가 베베른의 음악을 감상한다는 사실에서, 혹은 (보다 넓은 의미의 문화에서) 이들이 자기 자녀들을 비싼 사립학교에 보낸다는 사실에서 어떻게 이익을 얻는다는 것인지 명확하지 않다. 그러나 다소 이해하기 힘들지만 그들이 그런 행위들을 하는 것이 박애주의적임을 안다는 건 유익하다. 누군가는 대머리왕 카롤루스 2세의 역사처럼 대머리가 되어가면서*, 자신에 관해 들어본 적조차 전혀 없는 보통 사람들, 여성들과 남성들의 존재 가치를 어떤 식으로든 높이고 있기 때문이다.

하여간, 이렇게 해서 엘리트와 대중, 양쪽이 서로 주고받으면서 풍부해지게 된다. 시인과 학자는 더 이상 고독한 인물이 아니게 된다. 이제 이들은 전체 문화 속에서 중추적 지위를 차지한다고 주장할 수 있다. 지식인의 임무는 그저 자기들만의 사적인 숙고에 그치는 것이 아니라 사람들의 집단정신에 최고로 분명한 표현을 부여하는 데 있다. 예컨대 윌리엄 버틀러 예이츠William Butler Yeats는 자신의 시를 아일랜드 빈농들의 신화와 원형原型에 목소리를 입히는 것이라고 보았다. 〈황무지〉의 화자가 엘리엇 개인이 아니라 엘리엇 자신이 유럽인의 정신을 웅대하게 부르는 목소리이듯이, 예이츠 역시 거의 영적인 의미에서 민중의 영원한 지혜에 가 닿는 하나의 매개체에 불과한 것이다. 이보다 조금 불길하긴 하지만, 마르틴 하이데거Martin Heidegger가 생각하는 시인의 임무란 민족의 운명에 자신의 혀를 내어주는 것이다. 다시 한번, 예술가들에게 할 일이 생긴다. 일부 예술가들이 고독과 망명 속으로 내밀렸던

---

* Charles the Bald. 서프랑크왕국의 왕(843~877)이자 서로마제국의 황제 (875~877). 카롤루스 왕은 대머리로 유명한데 엘리엇은 1932년 동료에게 쓴 편지에서 자신이 아내 때문에 카롤루스 왕처럼 대머리가 되어간다고 언급한다. 이 탈모 현상은 일시적인 것이었다.

모더니즘 시대에, 예술가들이 여전히 자신을 넘어선 무언가를 말할 수 있다고 상상하는 일은 그들에게 위안을 준다.

수많은 평자는 비평가의 핵심 임무가 대중이라는 감염으로부터 소수의 문화를 방어하는 것이라고 여겨왔다.[55] 엘리엇은 이와는 다른 입장을 취한다. 주된 이유는 그가 염두에 둔 대중은 현실 세계의 불경스러운 프롤레타리아보다는 신화적인 기독교인 농부들이기 때문이다. 다른 많은 모더니스트처럼 그의 목표는 엘리트주의와 원시주의를 결합하는 것이다. 문명적인 것과 원초적인 것은 상호 대화를 실시해야만 한다. 고상한 자들은 야만적인 자들과 더불어 학교에 가야 한다. 혹은 다르게 말하면, 쫓겨난 지식인은 보통 사람들 속에서 자기 고향을 찾아야만 한다. 엘리엇은 자기 나라를 스스로 떠난 사람이었고, 고향을 떠난 이들은 특히 뿌리내림의 관념을 낭만화하는 경향이 있다. 분명 이것이야말로 초기 엘리엇이 가졌던 반유대주의의 한 원인이었을 것이다. 유대인들은 예로부터 고향 잃은 방랑자들로 여겨졌고, 따라서 유대인들은 엘리엇 자신의 조건에서 보면 지적 부랑자라는 혐오스러운 이미지로 비쳤을 공산이 크다. 다른 일부 모더니스트들처럼(특히 조이스James Joyce와 파운드Ezra Pound가 떠오르는데), 엘리엇은 그 자신의 뿌리 없음을 자기처럼 떠나온 이들이 충성스러운 시민이 될 수 있는 어떤 영적인 나라, 문명의 핵심에 깊이 자리 잡은 신화적 단일성을 발견함으로써 합리화할 수 있었던 것이다.

* * *

사회적 무의식으로서의 문화에 대해 보수주의적 입장이 있다면, 급진적 입장 역시 존재한다. 지금까지 살펴보았듯이, 이 두 입장은 버크의 저작들 속에 모두 담겨 있지만, 급진적 입장은 레이먼드 윌리엄스의 《문화와 사회 1780~1950 *Culture and Society 1780~1950*》에서도 찾을 수 있다.

> 문화는 삶으로 체험되는 한편, 항상 일부는 알려지지 않은 채로, 일부는 인식되지 않은 채로 있다. 한 공동체를 만드는 일은 언제나 하나의 탐험인데, 의식이 창조보다 선행할 수 없고 알려지지 않은 체험에 대해서는 어떤 공식도 존재하지 않기 때문이다. 이 때문에 좋은 공동체, 살아 있는 문화는 의식의 진전이라는 공통의 필요에 공헌할 수 있는 것이라면 그 어떤 것에 대해서도 공간을 만들어줄 뿐 아니라 적극적으로 독려한다. (…) 우리는 주의를 온통 집중해서 모든 믿음, 모든 가치를 고려할 필요가 있으니, 이는 우리가 미래를 모르고, 그 미래를 풍요롭게 하는 게 무엇일지를 확신할 수 없기 때문이다.[56]

엘리엇과 달리 윌리엄스는 언제나 진행 중인 작업으로서의 문화라는 사실과 사회적 무의식을 연결한다. 문화가 의식으로 완전히 끌어올려질 수 없는 것이라면, 부분적으로 그것은 문화가 결코 완전하지 않기 때문이다. 따라서 문화의 무의식은 무엇보다 그것의 역사성에서 나오는 효과다. 문화는 우리가 알 수 없는 미래다. 그저 당대의 사유와 행동의 감춰진 서 브텍스트에 불과한 게 아니다. 이런 이유로 우리는 현재 문화 의 어떤 계열이 나중에 유익한 것으로 판명될지를, 또 어떤 계 열이 막다른 골목으로 드러날 것인지를 절대 확신할 수 없다. 반면 엘리엇은 어떤 가치가 긍정적이 될지를 확신하고 있으 며 따라서 그것을 알아내기 위해 미래를 기다릴 필요가 없다. 그런 점에서 윌리엄스의 시선으로 본다면, 문화가 결코 총체 화될 수 없는 하나의 이유는 역사성이다. 그러나 엘리엇의 동 질적이고 거대한 시골 공동체와는 달리, 윌리엄스의 시각으 로 볼 때 모든 근대적 사회질서가 "총체적 문화를 형성하면서 도 그 안에 사는 어떤 개인이나 집단에게 이용되거나 전체적 으로 인식되지는 않는, 특화되어 발전된 매우 복잡한 체계"가 될 개연성이 있기 때문이기도 하다. 이 또한 문화가 총체화될 수 없는 또 하나의 이유다.[57] 일부는 의식할 수 있고 다른 누군 가는 의식할 수 없는 그것이지만, 그러나 엘리엇과는 달리, 당 신이 땅 주인인지 아니면 밀렵꾼인지의 문제는 아니다. 윌리 엄스에게 있어 문화의 의식적 차원과 무의식적 차원은 위계 에 따라 차등적으로 나뉘는 게 아니며 단일한 기획에 깃든 양 상들인 것이다.

공통문화는 보수적인 엘리엇이 보기에 모두가 공유하는 것 인 반면, 사회주의자인 윌리엄스가 보기에는 모두에 의해 만 들어진 것이다. 따라서 윌리엄스의 공통문화는 엘리엇의 공통 문화보다 더 의식적이기도 하고 덜 의식적이기도 하다. 사회 의 모든 성원이 적극적으로 참여하는 걸 포함한다는 점에서 더 의식적이고, 불가해할 정도로 복잡한 이 문화적 협력을 통해 나타나는 것을 미리 그려볼 수도 없고 그 과정이 완전히 투명하지도 않다는 점에서 덜 의식적이다. 이 투명성의 결여가 엘리엇에게는 원래 그러한 사실일 뿐이라면, 윌리엄스에게는 더욱더 이상적인 것이다. 문화를 형성하는 데 더 많은 행위자가 적극적으로 참여할수록 그들의 행동이 만들어내는 효과에 대한 총체적 파악은 더 힘들어진다. 윌리엄스의 발언으로 이 문제를 결정지을 수 있다.

> 우리는 공통의 결정에 따라 계획될 수 있는 것을 계획해야 한다. 그러나 문화의 관념에 대한 강조는 문화가 본질적으로 계획 불가능함을 상기할 때에 비로소 올바른 것이 된다. 우리는 삶의 수단, 공동체의 수단을 확보해야 한다. 그러나 이 수단으로 어떻게 살아내야 할지에 대해 우리는 알 수도 없으며 말할 수도 없다.[58]

* * *

지금까지 우리는 문화에 관한 이론 영역의 몇몇 쟁점들을 살펴보았다. 문화는 살아가는 방식에 대한 모델, 자기 정체성의 구축 혹은 자기실현의 형식, 소규모 집단이 만들어낸 결과물 혹은 전체 인민의 생활 형태, 현재에 대한 비판 혹은 미래의 이미지가 될 수 있다. 이제 자신의 삶 속에 이 모든 주제가 한데 모여 있는 한 작가로서 오스카 와일드의 사유를 요약하는 방식으로 넘어가자.

4.

문화의
사도

에드먼드 버크처럼 아일랜드인인 오스카 와일드도 더블린의 트리니티 칼리지에서 교육받았고, 후에 런던에서 유명인이 되었다. 두 사람 모두 예술에 깊이 빠졌다. 지금까지 살펴보았 듯 버크는 정치적 질문들을 담고 있는 미학에 관한 논문을 썼다. 와일드는 화려한 탐미주의자로, 곧 들여다보겠지만, 그의 '예술을 위한 예술'에의 헌신은 무엇보다도 정치적 급진주의의 우회적 형태였다. 보수적이고 산술적으로 가늠하면, 이 두 저자는 모두 이중생활을 했다. 걸출한 의회 정치인이었던 버크는 영국에서 높은 성공을 거두는 동안 자신의 아일랜드인 뿌리를 상당 부분 철저한 비밀로 삼았다. 아일랜드에 있던 그의 가족에게는 가톨릭교도인 친척들이 있었고, 그는 이에 대해 민감하게 반응했으며 그 상황에서는 당연했다. 실제로 가톨릭 성직자였던 그의 먼 친척 하나가 영국 정부에 의해 반역자로 몰려 목이 매달린 후 내장이 적출되고 능지처참당한 바 있다. 버크가 런던의 커피하우스에서 토론할 때 선뜻 꺼낼 종류의 주제는 아니었던 것이다. 와일드는 사교계 명사이자 남색자였고, 상류층이자 약자였으며, 훌륭한 시민이자 남창男娼 고용자였고, 자칭 사회주의자이자 뻔뻔스러울 정도의 향락주의자였다. 그의 이름 자체가 게일어 '오스카'를 영어 '와일드'에 결합시킨 것으로, 이 이름은 신화 속의 아일랜드 영웅을 중산층의 응접실 세계에 연결시킨 것이다. 그는 레이디 브랙넬* 부류의 귀족들과 친하게 교류하는 한편, 윌리엄 모리스와 표트르 크로폿킨Pyotr Kropotkin 같은 혁명가들을 친구로 사귀어 반란 세력과도 거리낌 없이 지냈다.

와일드와 버크 모두 전설적인 수사학의 대가들로서, 영국에 사는 아일랜드인으로서 결국 언어적 기술을 발휘해 자신들을 먹여준 그 손, 영국을 물어뜯어버렸다. 또한 두 사람 모두 영국 식민주의를 혐오했다는 점에서도 유사하다. 버크는 식민지 기획 그 자체에 대해 적대적이지는 않았으나, 영국 지배를 반대하는 아일랜드와 아메리카의 반란자들에 대해 어떤 식으로든 연대감을 갖고 있었고, 하원에서 영국의 인도 식민지 행정관으로 유명했던 워런 헤이스팅스의 기소 절차를 밟았다. 와일드 역시 스스로 일종의 스파이, 제5열**의 칼럼니스트로 영국 상류층 핵심으로 들어가 그들을 풍자함으로써 나름대로의 역할을 했다. 그의 재기 넘치는 희극은 흠잡을 데 없이 관습적인 동시에 은밀하게 전복적이다. 사회주의자이자 아일랜드 공

---

* 와일드의 희곡《진지함의 중요성 *The Importance of Being Earnest*》에 등장하는 인물로, 상류 귀족계급의 위엄과 속물성을 동시에 가지고 있다.
** 적과 내통하는 이를 뜻하는 관용어.

화주의자였던 와일드는 유명한 페미니스트이자 반영 민족주의자 어머니와 저명한 아일랜드인 학자이자 애국자 아버지의 아들이었다. 하지만 그가 흔히 사용했던 모순어법에 따르면, 와일드는 아일랜드가 영국을 통치해야지 그 반대여서는 안 된다고 믿었다. 이 두 이주자는 영국의 가장 유서 깊은 식민지 주체인 아일랜드인으로서 경멸의 희생자가 되기도 했다. 버크는 경멸을 뜻하는 '패디Paddy'*라 불리며 조롱당했고, 와일드는 동성애자 외국인과 어울리기보다는 조상의 혈통을 재생산하는 게 자식의 도리로 여겨졌던 영국 귀족 출신의 젊은이와 동침했다는 이유로 투옥되었다.

이 두 아일랜드인들은 가난하고 박탈당한 자들에게 연민을 느꼈는데, 아마 자신들이 그런 버림받은 자들 중에서 그나마 운 좋은 이들이라고 생각했을 법하다. 런던을 떠돌면서 인종적 모욕에 시달리는 아일랜드 작가는 도로와 철도를 닦는 이주 노동자의 고급 버전에 불과했다. 와일드는 런던 다리에서 구걸하는 거지에게 자기 코트를 주기도 했다. 이들 두 부류의 이주자들은 고국의 만성적 궁핍 때문에 어쩔 수 없이 타국으로 이주해야 했는데, 도로 노동자의 경우는 물질적인 궁핍, 작가의 경우는 문화적 궁핍 때문이다. V. S. 나이폴V. S. Naipaul의 표현을 빌리면 후자는 '모방자들mimic men'로, 영국 상류층을 흉내 내면서도(와일드는 옥스퍼드대학교 재학 중에 자신의 아일

---

* 원래 논을 의미하나, '거지', '부랑자'를 이르는 비어로도 쓰이며, 집합적으로 아일랜드인에 대한 경멸적 표현으로도 사용된다.

랜드 사투리가 흘러나오지 않도록 조심했다) 비밀스럽게 혹은 대놓고 그들의 세계관에 이의를 제기하는 존재들이다. 두 사상가, 버크와 와일드는 사회적 실존 속에서 허구가 갖는 구성적 역할에 대해 다른 입장을 취했다. 런던에서 와일드가 택한 페르소나는 영국의 기득권에 대한 직언이 허용된 광대 역할로, 이도시에 머물렀던 18세기의 올리버 골드스미스Oliver Goldsmith에서 20세기의 브렌던 비언Brendan Behan에 이르는 다른 아일랜드계 문학 이주자들의 계보와 연결된다. 하지만 또 다른 아일랜드인 광대였던 조지 버나드 쇼George Bernard Shaw는 이 역할 수행이 위험한 일이라고 경고한 바 있다. 본토인들이 규격에 맞춰 사납게 발을 잘라버리지 않도록 이주자들은 자기에게 주어진 장화보다 발이 더 커지지 않도록 조심해야 하는데, 신중함이라는 덕목이 와일드의 특장점인 적은 절대 없었다. 와일드는 몰락했다. 그가 몰락하기 5년 전에도 영국인들은 또한 명의 영국계 아일랜드인을 물어뜯은 적이 있었다. 민족주의 지도자 찰스 스튜어트 파넬Charles Stewart Parnell이 그 대상이었는데, 이 경우에는 동성애 스캔들이 아니라 이성애 스캔들이었고, 이로 인해 그는 정치적 오지로 떠밀리듯 내려가 건강을 망쳐 1년 뒤 죽었다. 와일드와 파넬 모두 처음에는 구애와 존경의 대상이었으나 후에 부도덕자로 냉정하게 내쳐졌다. 와일드가 동성애자라면 그건 무엇보다도 그에게 이성애가 견딜 수 없을 정도로 진부하기 때문이었음을 그의 박해자들은 파악하지 못했다. 정말로 그는 고정관념의 희생자가 되기보다는 영국 사법 체계에 저촉되는 편을 더 선호했을 게 거의 분명한 종류의 인간이었다. 그의 삶 전체가 오래도록 자연스러움을 벗어나는 실천이었던 것이다.

와일드는 더블린 출신으로 나중에 이주자가 되었던 제임스 조이스가 'Dublin'이 아닌 'Doublin'이라고 썼던 그 도시에서 태어났는데, 실로 와일드에 대한 거의 모든 것은 배가되었고doubled, 분할되었으며divided, 이중적이었다ambiguous. 그것은 조이스가 《피네건의 경야Finnegans Wake》에서 썼듯 "한 번에 두 개의 생각two thinks at a time"을 하는 문제였다. 와일드는 예술에서의 진리란 그 반대도 역시 진리인 것이라고 선언했으며, 우리는 그 자신의 빛나고도 얼룩진 삶의 여정에 대해서도 이와 거의 똑같이 말할 수 있다. 이 자기 분열은 와일드적 상상력의 피조물인 《도리언 그레이의 초상The Picture of Dorian Gray》의 주인공 도리언 그레이에게서 보이는데, 그의 매끈한 외양 아래에서는 끔찍한 비밀이 곪아갔다. 가장 잘 알려진 와일드의 희곡인 《진지함의 중요성》은 전체가 비밀스러운 코드, 분리된 정체성, 그늘진 출신 성분에 대한 것으로, 이를 위해 환상 위에 환상을 쌓고, 사실과 허구 사이를 엄밀하게 구분하는 데 대해 회의적이다. 런던의 극장 거리 웨스트엔드 지역의 관객들이 이 연극의 생기 넘치는 재치에 열광했을 때 경찰의 손은 극작가의 목덜미를 이제 막 움켜쥐려는 참이었고, 실제 움켜쥐었을 때 연극은 막을 내려야만 했다.

와일드의 출신 성분인 영국계 아일랜드인 개신교 지배층Anglo-Irish Protestant Ascendency은 모국에서 뿌리 뽑혀나간 집단이며, 아일랜드 내에서는 내부 유배자 신세인 동시에 영국 본토에서는 주변부였다. 실제로 와일드의 경력은 그 자신의 혈통인 영국계 아일랜드인의 쇠망과 기묘할 정도로 정확히 맞물려 있다. 영국계 아일랜드인이 충성을 맹세했던 아일랜드 성공회는 와일드의 10대 시절에 국교 지위가 폐지되었고, 영국계 아일랜드인에 대한 아일랜드 대중의 적대감은 와일드 생애 내내 계속 세력을 늘려갔다. 19~20세기 전환기에 와일드가 겪은 수치와 그의 죽음은 토지법Land Acts 시행과 거의 동시에 일어났다. 이 토지법은 위에서 일어난 놀라운 혁명으로 영국계 아일랜드인 지주들의 토지를 빼앗아 소작인들에게 분배해주었다. 따라서《진지함의 중요성》에 나오는 잭 워딩처럼 와일드의 출발점은 동시에 그의 종착점이었던 셈이다. 그는 죽어가는 혈통에서 태어났고, 그의 갈라진 정체성은 자신들이 누구라고 명확히 말할 수 없었던 사람들의 정체성을 반영했다. 방탕한 영국계 아일랜드인들이 결국 자신들 머리 위로 지붕을 내려앉게 만들었듯이, 와일드의 무모하고 헤픈 생활 방식은 거의 의도적으로 재난을 불러들인 것처럼도 보인다. 그는 마치 영국 기득권층더러 최악의 일을 실행하라고 놀려대는 것 같았고, 영국 기득권층은 거기에 재빠르게 응대했다. 가장 좋아했던 성자 세바스티아누스처럼 자기 몸에 꽂힌 순교의 화살과 격투했던 와일드가 죽음에 추파를 던진 것처럼 보인다면, 그건 아마 다른 무엇보다도 자기 안에 있던 유미주의가 죽음의 빛나는 순수함에 의해 매혹되었기 때문이리라. 결국 와일드의 죄는 절반은 너무 잘나서 진지하지 않음의 중요성을 주장하지 못했고, 또한 과도하고 뻔뻔할 정도로 자기 자신으로 살지 못했다는 것이다.

영국의 해안으로 넘어간 많은 문학 이주자처럼 와일드도 주인들인 영국인을 흉내 내는 동시에 조롱하면서, 그러니까 '영국인보다 더 영국인처럼plus anglais que les Anglais' 됨으로써 자신을 새로 바꾸는 과업에 착수했다. 그의 모방이 아첨이었는지 패러디였는지, 혹은 패러디가 가장 진지한 형태의 아첨이었을 수 있는지 말하기란 결코 쉽지 않다. 그의 경구는 삐딱한 뒤틀림을 전달하거나 정중하면서도 심술궂게 막판에 침을 쏨으로써 갑작스레 방향을 틀어버리는 명민한 말들이다. 그의 경구는 영국 중산층의 관습적인 말을 가져와서는 위아래를 뒤바꾸거나 안팎을 뒤집음으로써, 형식은 유지하면서도 내용은 장난스럽게 역전시켜 그 말을 분해해버린다. 예를 들면 '모든 나쁜 시는 진정한 느낌에서 솟아난다'거나 '인간 본성에 대해 알 수 있는 유일한 진실은 그것이 변한다는 것이다' 같은 경구들이 그렇다. 와일드는 오로지 망가뜨리고 싶은 갈망을 느끼기 위해서 어떤 규범을 골라내는, 피식민지인의 삐딱함을 지니고 있었다. 살아가며 즉흥적으로 말을 만들고, 실험하고, 자신을 꾸미는 것이 그가 가진 본능의 전부였다. 그는 주요 이류 작가가 되고자 했고 그 명백한 야망이 그의 많은 일탈 중 하나였다. 그가 '독창적'이라고 주장했다면, 이는 아일랜드가 얼마나 식민지 본국의 주인들에 대한 형편없는 패러디 혹은 망가진 모방품처럼 보일 수 있었는지를 어느 정도 인식했기 때문이다. 무엇보다 바로 이 인식이 와일드로 하여금 본토인들의 게임에서, 본토인들의 형식과 관습을 그들보다 훨씬 더 능란하게 전개시키고, 그래서 그들의 제멋대로이면서도 부조리한 어떤 모습을 드러냄으로써 그들보다 월등해질 수 있게 독려했던 힘이었다. 그런 형식들을 그토록 쉽게 빌릴 수 있었다는 바로 그 사실은, 본토인들이 보이는 것과는 달리 유일무이한 진짜가 아님을 말해준다.

와일드가 그토록 능숙한 모방꾼이 된 이유 중 하나는 그가 고정된 정체성이라는 관념 전체에 회의적이었다는 데에서 찾을 수 있다. 온전한 아일랜드인도 온전한 영국인도 아닌, 귀화한 영국계 아일랜드인의 후손이 모든 자아를 임시적이고 문제적인 것으로 파악할 수밖에 없다는 점은 전혀 놀랍지 않다. 와일드에게 자신이란, 같은 동포인 예이츠에게 그렇듯, 하나의 가면, 실용적인 허구, 덧없는 자태, 연극적 수행 같은 것이었다. 진실에 접근할 수 있는 가장 가까운 길은 자기 자신의 허구성을 상황에 적절하게 아이러니한 의미로 만드는 것이었다. 식민지인들은 자아의 끊김 없는 연속성이라는 관념에 대해 자신들의 통치자들만큼 열광하지 않을 가능성이 크다. 와일드의 고국이 겪은 비참한 역사 속에서 고정되거나 연속적인 것은 극히 적었다. 자신의 흉내를 아주 잘 냈던 와일드는 언젠가 레닌이 '외양의 실재reality of appearances'라 불렀던 것에 깊은 신뢰를 갖고 있었다. 심지어 연인에게 쓴 편지《심연으로부터 De Profundis》*에

---

* 와일드가 동성애 혐의로 유죄판결을 받고 2년 동안 갇혀 있던 레딩 감옥에서 그의 연인 알프레드 더글러스에게 쓴 편지다. 와일드의 재기발랄함과 위트보다는 원망, 그리움, 성찰 등이 담긴 책이다.

나타나는 겸허하고 성찰적인 자아마저도 어떤 차원에서는 단지 그의 극적 페르소나 중 가장 훗날의 것일 뿐이다. 만약 그가 영국 상류사회의 삶에 매혹당했다면, 그 이유 중 일부는 그곳의 사교적 형식들이 가진 비실재성과 사교계 인사들의 종잇장 같은 부박함에 빠졌기 때문이었다. 예절 바른 술책으로 가득한 부유층 거주 지역 메이페어와 첼시의 세계는 와일드에게 그 자체로 하나의 예술 작품 같은 것이었다. 겉보기보다 더욱 정치적 폭발력을 가진 동화를 쓰기도 했던 와일드가 아이들을 아주 좋아했다면, 그것은 아이들의 순수함이 와일드를 그 자신의 뿌리 깊은 죄의식에서 벗어나게 도와주기도 했고, 아직 아이들의 자아가 아주 굳은 상태가 아니었기 때문이기도 했다.

아일랜드인은 영국인에게 소떼만 바쳐야 했던 게 아니라 그들을 위해 많은 연극용 희극도 써주어야 했다. 올리버 골드스미스와 리처드 셰리든에서부터 와일드, 버나드 쇼, 존 밀링턴 싱John Millington Synge, 사뮈엘 베케트Samuel Beckett에 이르는, 영어를 사용할 줄 알았던 이 내부자 겸 외부자들은 영국의 사회적·극적 관습들을 포착하기 알맞은 위치에 있었다. 그럼에도 영국인 존 불*의 다른 섬, 아일랜드에서 온 타지인으로서 이들은 자신들의 쓸모없음과 뿌리 없음에 대해 조소의 눈길을 던질 수 있었으며, 이는 영국을 고향으로 둔 작가들에게는 그리 쉽지 않은 일이었다. 언제나 외부인들에게는 사회 현실을 구성한 본질이 가진 특정 측면들을 파악하고, 토착 사상

---

* 영국인을 가리키는 별명.

가들이 당연한 것으로 받아들이는 것을 부자연스럽게 만드는 일이 더 쉽다. 내부와 외부의 시점 차이에서 발생하는 긴장은 그렇게 희극의 풍성한 재료임을 입증한다.

와일드는 영국 해변에 상륙한 여러 아일랜드 작가 중 한 명이다. 그들은 수는 적지만 유창한 능변으로 영국을 공격했다. 결국 우리가 와일드를 기억하는 것은 바로 말, 즉 일종의 영원히 흘러나오는 위트라는 형태로 다른 이의 뒤꿈치를 짓밟는 번뜩이는 경구다. 버크와 셰리든에서부터 와일드의 담당 검사이자 더블린 시절 동료였던 에드워드 카슨Edward Carson에 이르기까지, 영국은 아일랜드인의 수사학적 능란함에서 이익을 얻어내는 나라였다. 단어에는 돈이 들지 않고, 위트와 판타지와 언어적 풍부함은 아일랜드 작가들이 자신들의 황량한 식민지적 존재성을 딛고 행사할 수 있었던 유리한 칼날이었다. 토착 언어가 거의 파괴되었던 식민지에서 온 이들은 모국어를 그저 당연하게 받아들이는 이들에 비해 더욱 날카로운 언어적 감수성을 가지기 쉽다. 그들이 써내려가던 언어가 정확히 그들 자신의 것이 아니었기 때문에 그들은 언어 안에서 안정적으로 살아가는 이들보다 더 촘촘한 자의식—모더니즘의 실험적 글쓰기에 적합할 수 있었던 자의식—을 가지고 그 언어에 접근하는 경향을 보였다. 제임스 조이스는 아일랜드인이 남의 언어로 자신을 표현할 수밖에 없는 저주를 받았다고 말한 적이 있다.[1] 하지만 이와 동일한 이유로 아일랜드인은 영국 태생 작가들이 필적하기 힘든 활력과 당당함으로 그 언어를 재창조할 수 있었던 것이다. 언어와 문화의 주변부에 놓인다는 것은 그 문화와 언어의 지배적 형식과 관습에서 토착민들보다 더 자유롭다는 것이며, 따라서 덜 방해받는다는 것이기도 하다. 이것이 예이츠에서 베케트에 이르기까지 아일랜드가 영국 제도의 다른 어떤 지역보다 더 모더니즘을 흔쾌히 수용했던 여러 이유 중 하나다. 문학적 모더니즘은 무엇보다도 언어가 스스로를 새롭게 인식하게 된 지점으로, 이는 둘 혹은 그 이상의 발화 형식 사이에 이미 끼어 있었던 이들에게는 충분히 익숙한 상황일 수밖에 없다. 런던 북부의 예술가 주택 구역인 햄스테드에서 《피네건의 경야》가 쓰인다는 건 참으로 상상하기 힘든 일인 것이다.

　오직 문화로만 살아갈 수 있는 이는 없다. 그러나 와일드는 동시대인 중 그 어떤 이보다 문화로만 살아가는 데 근접했던 이다. 그는 '예술을 위한 예술'론의 주창자로 알려져 있으나, 그의 관점에서 '예술을 위한 예술'이란 삶에서 달아나 예술로 향하는 문제가 아니었다. 반대로 그것은 삶을 예술 작품으로 변모시키는 문제, 즉 일상의 존재를 심미화하는 문제였다. 와일드에게 미적으로 살아가는 것은 단순히 우아한 자세를 취한다거나 잘 맞는 조끼를 입는 게 아니라, 자신의 창조적 힘을 최대한 그리고 가능한 한 완전하고 자유롭게 실현하는 것을 의미했다. 한마디로 그는 낭만적 휴머니즘이라는 위대한 그리스적 이상의 마지막 후계자에 속했다. 예술은 살아가는 방식의 대체제가 아니라 하나의 원형이었다. 와일드에게 그러한 자기실현은 도덕과 양립할 수 있었을 뿐 아니라, 그것 자체가 도덕'이었다'. 버나드 쇼가 비꼬는 투로 언급했듯, 그것은 아일랜드인들이 언제나 우스꽝스럽게 여길 수밖에 없었던 무거운 영국식 도덕주의가 아니었다. 와일드처럼, 착한 리틀 넬*이 죽는 장면을 읽으며 요절 복통하며 재밌어하는 사람이라면 매슈 아널드Matthew Arnold적인 고상함 때문에 고통스러워할 일이 거의 없었다. 대체로 아일랜드는 놀랄 만큼 비도덕주의적 사회인데, 이 사실은 그곳에서 개신교 유산의 지위가 약한 것과 연관되어 있을 것이다. 이런 의미에서도 아일랜드는, 두 나라 간의 역사적 유대 관계를 차치하고 말하자면, 진지하고 고귀하며 정직한 미국과도 다르다.

와일드는 그 자신이 스스로 만든 최상의 예술 작품이었고, 평생에 걸쳐 자기 충족을 위해 자신을 자기 표절자이자 자기 홍보자라는 모습으로 빚는 데 종교적인 열성으로 헌신한 사람이었다. 이는 그가 어느 정도 수치심 없는 쾌락주의자기 때문이었지만, 한편으로는 빅토리아 시대의 이타성과 자기 헌신이 얼마나 병리적이었는지를 인식했기 때문이기도 했다. 영국의 고상함에는 무언가 타락한 것이 있을 수 있었다. 윌리엄 블레이크처럼 와일드는 이타주의가 이기주의의 감상적 얼굴로 기능할 수도 있음을 인지했다.《사회주의에서의 인간의 영혼The Soul of Man Under Socialism》에서 그는 "의무에 관한 역겨운 위선"과 "자기희생에 관한 혐오스러운 위선"에 대해 말하

---

* 영국 소설가 찰스 디킨스의 소설 《오래된 골동품 상점The Old Curiosity Shop》에 등장하는 주인공으로, 천사같이 선한 성정을 갖고 있으나 우여곡절 끝에 병에 걸려 비극적 죽음을 맞이한다.

는데, 이 위선적 사기의 주요한 희생자는 여성이었음을 의식하고 있는 것이다.[2] 한편으로 그는 여성저널의 편집자로 일하기도 했었다.《진지함의 중요성》속 인물인 궨덜린은 남편이 있어야 하는 적절한 공간은 가정이며, 일단 남편이 가정에서 남성으로서 해야 할 의무를 무시하기 시작하면 그는 극도로 여성적이 된다고 주장한다. 와일드는 어떤 행동이 불쾌감을 유발하지 않는다면 고결할 수가 없다는 바리새인 유형의 도덕성을 경멸했다. 이 은밀하게 사디스트적인 윤리에 따르면, 자아는 개발되기보다는 억제되어야만 한다. 매우 독실한 척하는 도덕적 분위기 속에서 와일드의 화려한 개인주의는 그 자체로 하나의 정치였다. 자신의 성취를 거침없이 드러내려고 결심한 와일드는, 만족을 뒤로 미루는 암울한 사회질서에 격노했고, 무의미한 자기 처벌에 참여하기를 거부하는 자의 모습을 보며 경악했다.

와일드는 어떻게 해서 자신처럼 특권을 가진 개인들의 무리만이 자유롭게 스스로를 빚어낼 수 있었는지를 잘 알고 있었다. 하지만 그는 이런 측면에서 자신의 행운 덕분에 다수의 사람이 미래에 자기와 동일한 일을 할 가능성이 있음을 예시해줄 수 있다는 점도 인식했다. 스캔들이 된 그의 방종은 아주 별난 역설로 유토피아의 일면을 대체할 수도 있을 것이다. 과도한 노력을 싫어하는 아일랜드인의 전형, 무책임한 아일랜드인 믹*은 게으른 영국 귀족과 착취 노동에 대한 사회주의 비

---

* Mick. 아일랜드인을 경멸적으로 가리키는 말.

평가, 양쪽 모두가 될 수 있을 것이다. 이것이 사실상《사회주의에서의 인간의 영혼》의 주제로, 이 책은 노동이 기계화되고 남녀가 해방되어 결과적으로 개인적 자기 계발을 할 수 있게 미래를 기대하고 있다. 사회주의의 목표는 개인주의다. 마르크스 자신이 이렇게 말하지는 않았지만, 그럼에도 불구하고 이는 마르크스의 사상에 매우 가깝다. 마르크스는 개인의 삶이 가진 풍부함과 다양성에 대해 낭만적인 감각을 가지고 있으며, 오직 사회주의에서만 이 정신적 부가 해방될 수 있다고 주장한다. 마르크스는 그가 "모든 인간적 힘의 개발 그 자체를 목적으로 삼아 (…) 창조적 잠재력을 절대적으로 끌어내는 일"이라고 부른 것이 실현되기를 기대한다.[3] 《자본론》에서 그는 인간 자신을 위한 인간 에너지가 이렇게 "피어나기" 위해 노동일의 축소를 요청한다고 쓴다.[4]

요컨대 사회주의는 노동이 아니라 여가에 관한 것이다. 윌리엄 모리스와 예술공예운동Arts and Crafts Movement이 일을 예술의 형태로 전환하려 노력했던 반면, 마르크스와 와일드는 남녀가 일만큼이나 힘이 들 수도 있는, 그럼에도 더욱 긴요한 자기 계발을 할 시간을 확보할 수 있도록 일을 자동화하는 데 열중했다. 옥스퍼드 학부생 시절에 함께 작업했던 러스킨을 떠올리게 하는 용어를 사용하면서, 와일드는 "사회가 인간이 자신 안에서 놀랍고 매력적이며 기쁨을 주는 것을 자유롭게 개발할 수 없도록 하는 토대 위에 건설되었으며, 사실 그 사회 안에서 살아가면서 진정한 쾌락과 환희를 놓쳐버린다는 것은 유감"이라고 말한다.[5] 분명 사회주의에서 노동은 사회적 존재의 토대로 남을 것이다. 그러나 물질적 생산의 큰 부분은 문화를 위해서 존재할 것이고, (자유로운 자기실현이라는 의미에서) 문화는 노동으로부터 귀중한 자율성을 획득하게 될 것이다. 한 사람이 경제적 잉여를 더 많이 창출할수록, 그는 노역의 필요에서 더 많이 해방될 수 있다. 그러므로 심리치료가 성공하면 그 과정이 사라지는 것처럼, 경제적인 것은 스스로 폐업하는 방식으로 존재한다. 마르크스와 와일드 모두는 우리가 물질적인 것에 노예적으로 덜 의존할 수 있게 하는 방식으로 물질적 상황을 창출할 수 있다고 믿었다. 경제적인 것에 대한 집착에서 벗어나려면 경제 혁명이 필수다. 자본주의에서 축적을 향한 충동은 끝이 없으므로, 오직 사회주의만이 이런 편집광적 상황에서 빠져나오게 할 수 있다. 우리 근대인들은 시장 논리로 인해 최소한 신석기 시대 조상들이 했던 만큼이나 힘들게 일한다. 기술은 착취를 폐지하는 게 아니라 착취를 강화하는 식으로 사용되는 것이다. 와일드는 자신의 상상이 아동 노동이나 노예 매매를 폐지하려는 활동에 대해 옛사람들이 느꼈던 것과 똑같이* 사람들에게 얼마나 하릴없는 이상주의 생각으로 비칠지를 의식하고 있었다. 와일드는 오직 현재 질서에만 의존하는 이에게는 이 질서를 급격하게 바꿀 변화가 비현실적인 것으로 보일 수 밖에 없다고 지적했다. 그의 언급에 따르면, 유토피아를 포함하지 않은 세계지도는 그저 한

---

* 아동 노동이나 노예 매매가 자연스러운 것이었을 때 사람들은 이를 폐지하려는 활동이 불가능할 것이라고 느꼈을 터이다.

번 힐끗 바라볼 가치조차 없었던 것이다.

《사회주의에서의 인간의 영혼》은 사유재산이 진정한 개인
주의에는 해롭기에 부자들의 이익을 위해서라도 폐지되어야
만 한다고 주장한다. 이 책은 빈자들 대다수가 감사할 줄 모르
고 반항적이며 순종할 줄 모르는데, 그들이 그러는 것은 꽤 정
당한 일이라고 주장한다. 또한 정치 선동가들은 불만족의 씨
앗을 뿌리는 간섭자들 무리인데 바로 그 때문에 대단히 필요
한 이들이라고 주장한다. 또한 이타주의는 빈곤을 없애는 데
방해가 되며, 사회 개혁은 근시안적인 일이고, 가족은 거부되
어야 하며, 역사는 반란과 소요를 통해 진보한다고 주장한다.
물론 이런 말을 이 유명한 극작가를 떠받들던 공작부인들과
내각 장관들이 듣고 싶어 하지는 않았을 것이다. 때때로 와일
드 자신도 확신하지 못했는데, 이들이라고 해서 와일드의 의
도가 얼마나 진지한지 확신할 수 있었을까. 근엄함과 경박함
사이의 구분은 와일드가 해체하려 한 많은 양극성 중 하나다.

《사회주의에서의 인간의 영혼》은 사회주의자의 작품이기
는 하지만, 한편으로 뼛속까지 엘리트주의자인 자가 쓴 작품
이기도 하다. 그는 대중을 경멸하고 아주 비非헤르더적인 방
식으로 "인민은 간교하고 폭력적"이라고 선언하는 사람이다.[6]
항상 그렇듯, 와일드는 동시에 두 가지 생각에 탐닉한다. 그
는 대중을 이상화하는 것과는 거리가 멀다. 그는 대중을 문화
와 문명 모두 빼앗긴 자들로 보면서 예술가에게 대중을 무시
하라고 꾸짖는다. 엘리트주의와 사회주의 사이의 차이는 실상
현재와 미래 사이의 차이다. 여기에 깃든 와일드의 논리는 가

혹하지만 정확하다. 빈곤과 고통으로 인해 무감각해져 있는 한, 대중은 문화에 대해 적절한 반응을 보일 수가 없고, 그런 대중의 서투른 평가에 타협하려 할 때 예술은 위태로워질 수밖에 없다. 따라서 예술은 자신의 진정한 가치, 즉 빈곤과 고역이 더 이상 존재하지 않는 미래의 원형을 제공하는 영역으로서의 가치를 상실할 위험에 처할 것이다. 예전에 예술이 있었던 곳에 인간성이 있게 될 것이다. 그때, 오직 그때에야 현재 물질적 상황 때문에 짓밟힌 사람들이 자유로운 개인으로 피어날 수 있을 터이다. 그러므로 아이러니하게도, 예술이 현재의 사회문제에 덜 몰입할수록, 예술은 더 정치적이 된다. 사실주의와 자연주의를 배격하며 사회문제에 침묵한 채로 남아 있음으로써, 예술은 인간성에 큰 도움을 줄 수 있게 된다. 예술이 사회적·정치적 내용을 외면한다는 것은 예술이 형식의 자율성에 역점을 둔다는 의미다. 예술의 자율성은 자유로운 자기 결정의 문제이므로, 이는 미학적 사안일 뿐 아니라, 예술을 절실하게 필요로 하는 영역 안에서 장래 자유로이 활동할 왕국을 예시하는 도덕적·정치적 사안이기도 하다.

현재와 미래에 대한 와일드의 구분은 지나치게 절대적으로, 그 자신을 위해서는 너무나 많이 편리한 것이기도 하다. 즉 그는 감당할 수 없을 정도로 값비싼 가구를 사면서 계속해서 자신의 취향을 충족시키는 한편, 그런 자신의 행위를 사회주의적 미래에 대한 맛보기로 바라볼 수 있는 것이다. 그렇더라도, 실러나 러스킨보다 마르크스에 더 가까운 그의 문화적 비전에는 강철 같은 리얼리즘이 깃들어 있다. 마르크스처럼 와일드도 물질적 조건에 관심을 두며, 자유로운 정신을 갖기 위해서는 가능한 한 많은 사람에게 물질적 조건의 변화가 필수적이라고 여긴다. 문화는 일반적으로 물질적인 것의 반대편에 있다고 받아들여지기 때문에 와일드가 던지는 이런 질문은 좀처럼 제기되지 않는다. 문화가 물질적 필요를 초월한다는 것은 옳고, 이런 식으로 엄밀한 필요를 넘어서는 일은, 《리어왕》이 인식하고 있듯, 우리의 본성이다. 하지만 그것이 어느 정도까지 가능한가를 결정하는 것은 바로 물질적 조건이다. 오스카 와일드는 댄디였을 수 있다. 《심연으로부터》에서 그는 위험하게도 자신을 예수 그리스도로 오인하려고까지 한다. 그렇지만 이 사안들에 대한 그의 날카로운 이해는 여전히 우리를 놀라게 만드는 역량을 갖고 있으며, 자유분방한 게으름뱅이에게서 그러한 명민함을 기대하지 않기 때문만은 아니다.

와일드가 사망할 무렵, 문화 개념은 여러 가지 의미를 갖게 되었다. 와일드가 매혹되었던 미학 운동에서 문화가 크게 떠올랐다면, 또한 그가 긍정적으로 여겼던 혁명적 민족주의에서도 주요한 역할을 했다. '예술을 위한 예술'이라는 컬트적 운동 속에서 문화는 대체 종교의 지위까지 솟아올랐으나, 대량생산이라는 새로운 형식으로 세계에 막 등장하려는 찰나기도 했다. 이제 이런 현대적 관념으로서의 문화를 생산한 다양한 원천을 살펴볼 차례다.

5.

헤르더에서
할리우드까지

근대적인 문화 개념은 다양한 이유로 생겨났다. 처음 이 개념은 18세기 후반에 산업주의에 대한 비판으로 유명해졌지만, 한편으로 혁명 개념에 대한 질책이기도 했다. 거의 같은 시기에, 문화는 낭만적 민족주의 언어에서 핵심 개념이 되었다. 19세기가 시작되자 문화 개념은 식민주의와 인류학에 대한 논의에 휘말려들었으나 또한 시들어가고 있던 종교적 가치의 대체제 역할을 하기 시작했다. 20세기 초에 문화는 주요 산업의 하나로 성장해서 전례 없이 새로운 방식으로 대중의 의식 속으로 들어갔다. 20세기 중반, 문화는 새로운 형태의 정치적 갈등에 있어 핵심 요소, 즉 다문화주의와 정체성 정치라는 모습으로 현재 우리 시대에 불쑥 등장한 하나의 현상이 되었다. 버크의 작품 속에 나타나는 문화와 혁명이라는 문제를 이미 살펴보았으니, 이제 그 외의 다른 이슈들에 대해 말할 때가 되었다.

《미적 교육론 *Über die ästhetische Erziehung des Menschen*》(1795) 에서 실러는 다음과 같은 현실에 대해 한탄하고 있다.

작은 파편 하나에 영원히 매여 있는 인간은 오직 파편으로만 발전한다. 그의 귀에는 영원히 자신이 돌고 있는 바퀴의 단조로운 소음만 들릴 뿐이다. 그는 자기 존재의 조화로움을 결코 발전시키지 못하며, 자신의 본성에 인간성이라는 도장을 찍는 대신 자기 직업 혹은 전문 지식의 자국이 될 뿐이다.[1]

문명은 문화와 전쟁 중이다. 노동 분업, 경험적 지식의 증가, 근대국가의 복잡한 장치, 계급 간의 더욱 엄격한 구분 등은 모두 인간성의 내면적 본성을 분할하는 음모에 참여했고, 이로 인해 "재앙적 갈등이 일어나 인간성의 조화로운 힘과 충돌을 일으킨다".[2] 이것이 소위 '문화비평'의 비가悲歌로, 윌리엄 블레이크에서 허버트 마르쿠제Herbert Marcuse에 이르기까지 근대에 울려 퍼지게 된다. 산업주의, 기술, 경쟁력, 이윤 추구, 노동 분업은 역량을 왜소하게 만들고 힘을 분열시켰다. D. H. 로런스는 "인간의 모든 에너지를 그저 구매를 위한 경쟁에 쓰도록 강요하는 비천한 힘"에 대해 불만을 토로한다.[3] 비유기적인 사회는 우리의 보편적 인간성을 불구로 만들었고, 기계론적인 사유 양식은 창조적 상상력을 추방했다. 현재에 대한 대안 가능성을 그려볼 수 있게 만드는 것은 상상력이고, 이 상상력은 미학적 힘일 뿐 아니라 정치적 힘이 될 수 있는 역량이다. 하지만, 지금 공상가는 기술 관료에게 밀려났다. 예전에 남자와 여자가 자신들의 힘을 모든 면에서 실현했을 때 인간성은 조화로운 전체를 이루었다. 오늘날 개인은 고갈되고 일차원적이고, 자기 역사의 행위자라기보다 기계적 체제의 부품이 되어 단지 인간성의 파편만으로 존재할 뿐이다.

"자기중심적 사고는 가장 정교하게 발전된 사회생활, 바로 그 품에 체계적 둥지를 튼다"고 실러는 불평한다.[4] 경쟁과 물욕이 강화된 산업 질서는 개인들 사이의 전통적 끈을 끊고 각자를 자신의 고독한 공간에 고립시켜버렸다. 그 결과 사회의 기본 구조 자체가 위험에 처하게 되었다. 인간관계는 유기적이기보다는 계약상의 관계로 변해갔다. "우리 문명은 남자와 남자, 남자와 여자 간의 보편적 공감대라는 자연적 흐름을 거의 파괴해버렸다"고 로런스는 언급한다.[5] 이성은 피도 눈물도 없는 합리성의 도구적 양식으로 축소되어 자신의 이득을 계산하는 일 이상은 하지 못하게 되었다. 자연은 내적 생명력이 고갈된 채 인간이 마음대로 조정할 정도로 죽은 물질로 축소되었다. 인간의 삶을 지배하는 것은 유용성이며, 이 앞에서는 그 어떤 것도 자체로 귀중할 수가 없게 된다. 사물은 어떤 목적을 달성하는 도구로 쓰이는 경우에만 가치를 가진다. 어떤 것도 단지 자신을 위해 존재하도록 허락되지 않는다. 유용성을 기준으로 했을 때, 무가치한 것으로 판단된 관습과 애정은 완전히 무시되어야 한다. 세계에 대한 객관적 파악을 왜곡할 위험이 있는 감정과 믿음은 척결되어야 한다. 실러, 블레이크, 러스킨, 모리스, 로런스와 더불어 우리는 산업자본주의에 대한 낭만주의적 대응―자본주의와 낭만주의라는 이 두 현상은 탄생부터 짝을 이루고 있는데―을 이야기하고 있는 것이다. 여기에서 산업사회는 인간의 힘이 가진 조화로운 총체성으로 이해된 '문화'의 이름으로 판단된다.[6]

이는 새로운 전개이긴 하나 전례가 없는 것은 아니다. 예컨대 제인 오스틴에게 문화란 본질적으로 개인적 세련됨, 곧 고상함과 품위의 문제다. 하지만 이런 가치들이 속물성, 이해타산, 출세주의, 경망스러움, 도덕적 무감각, 물질적 방종에 대한 책망으로 여겨졌기 때문에, 창조적 상상력이라는 의미에서의 문화가 블레이크와 콜리지에게 영향을 끼치는 것처럼 이 가치들 역시 사회적 존재 전체의 질을 판단하는 데 영향을 끼치게 된다. 조지프 애디슨Joseph Addison, 리처드 스틸Richard Steele, (3대 새프츠베리 백작인) 앤서니 애슐리 쿠퍼Anthony Ashley Cooper와 같은 18세기 초 작가들은 후대인들이 '문화'라고 부르게 될 개념을 '공손함politeness'으로 알고 있었다. 공손함은 사회적 조화를 고취하는 우아한 행동의 한 형태로서 도덕적인 것과 미적인 것을 결합하는데, 이는 후대의 일부 사상가들이 문화로 생각한 개념이 하는 일과 매우 유사했다.

'공손함'의 추동력은—이는 후에 문화 개념의 추동력이기도 한데—정치적인 것이었다. 왕정복고 이후 영국은 교회와 법정에 대응하는 평형추 역할을 할 새로운 공적 영역을 구축할 필요가 있었다. 이 공적 영역 내에서, 부상하는 도시 중간 계급에게 몹시 결여된 고상한 품위를 부여하기 위해 전통적인 귀족적 가치 중 일부(품위, 상냥함, 우아함, 세련됨 등)가 접목되었을 것이다. 이런 방식으로 두 사회계급이 서로 결합할 수 있었을 것이고, 이로써 지배적 권력 집단은 통합되었다. 18세기 초 영국에서 클럽, 커피하우스, 회합, 정기간행물, 정원, 극장이, 계몽된 중간계급이 담론을 나누는 새로운 장소가 되자 그에 부응해 어느 평론가가 "사회적·담론적·문화적 제도의 새로운 집합체"라고 묘사하기도 했다.[7] 철학은 서재와 수도원에서 해방되어 도덕적·사회적 자기 연출self-fashioning이라는 새로운 기획의 한 역할을 담당했다. 이성은 대화의 문제로 새롭게 규정되었다. 신사들은 자유롭고 평등하게 윤리, 취향, 예의, 훌륭한 가정교육 등을 이슈로 열린 대화를 나누었고 이런 대화는 이성을 필요로 했다. 조지프 애디슨은 자신이 발행한 저널《스펙테이터Spectator》에서 "나는 철학을 밀실과 도서관, 학교와 대학에서 꺼내 클럽과 회합, 티 테이블과 커피하우스에 거주하게 만들었다"는 유명한 발언을 한 바 있다.[8] 문화는 소중히 여겨지는 어떤 가치들이라는 의미에서 이제 공유된 생활 방식이라는 의미로 널리 퍼지게 될 것이었다. 그것은 혁신적이고 야심찬 문화정치 브랜드였을 뿐 아니라, 대단히 효과적인 브랜드기도 했다.

실러 같은 작가들은 새로운 정치적 압력을 마주하던 상황에서 문화의 이러한 사회적 개념을 물려받는다. 프랑스혁명의 공포가 내는 소리를 귀로 들으며 글을 썼던 실러는, 버크가 그랬듯이 잔혹한 강요의 정치보다는 합의의 정치가 필요함을 알아차렸는데, 문화나 미적인 것이 그러한 조화의 원형을 제공한다고 주장했다. 그의 저서《미적 교육론》은 무엇보다도 (철학사에서 아주 흔하게 일어났듯) 이성과 감각 간의 관계가 지배계급과 민중 간의 관계와 그리 멀리 떨어져 있지 않음을 말해주는 정치적 알레고리다. 즉 마치 민중이 형태가 있는 예술 작품으로 빚어내야 하는 무질서한 감각의 무리를 대표하고, 문화는 이런 구원의 기획을 달성하게 해주는 과정을 대표하는 것과 같다. 실러는 이 기획이 실패한다면 국가는 시민사회를 폭력적으로 억압할 수밖에 없을 테고 "그처럼 강력하고 선동적인 개인주의의 희생자가 되지 않기 위해 가혹할 정도로 짓밟게 될 것"이라고 경고한다.[9] 문화라는 어린이용 장갑 속에는 강철 같은 정치적 주먹이 감춰져 있는 것이다.

문화가 개인적 교양에서 사회적 구원으로 전환할 수 있도록 한 것은 역사의 무대 위에 등장한 놀라운 신인 배우, 즉 보통 사람들, 구체적으로는 산업 노동계급이다. 매슈 아널드에 따르면 노동자는 "엄청난 수가 몰려오고, 상당히 원초적이고 거칠다. (…) 따라서 우리 사회가 이것 없이는 살 수도 자랄 수도 없는 정립된 질서와 안전이라는 심오한 느낌이 없어진다고 때로 우리를 위협하는 듯하다".[10] 도시 군중은 역사를 만들어가기 시작하고 있지만, 중간계급 지배자들은 이들의 특징과 감정을 당황스러울 정도로 알지 못한다. 따라서 몹시 어두운 영국, 소위 산업 소설에서 사회학의 발명에 이르는, 토머스 칼라일Thomas Carlyle의 수사학에서 프리드리히 엥겔스Friedrich Engels의 연구에 이르는 새로운 탐구가 시작되어야 한다. 역사가 더 이상 위인들의 업적이 아니라, 무수하고 이름 없으며 지하에 있는 사회적 힘이 만들어내는 것이라면 어떻게 될까? 그렇다면 위인들의 문화는 어떻게 변하게 될 것인가? 19세기 관찰자들이 정신적 균형과 유기적 사회를 가졌다고 추정되었던 고대 그리스인들에 대해 향수 어린 어조로 말하기 시작한 이유는 결코 공장과 탄광 때문이 아니다. 그들은 공포를 느꼈는데, 이 군중에게 교양의 역량이 결여되었다면, 즉 순종적이고 자기 수양이 된 방식으로 행동하지 않는다면, 국가의 토대 자체가 흔들릴 수 있기 때문이었다. 문화가 옥스퍼드 교수들에게만큼이나 리버풀 부두 노동자들의 삶의 방식이 될 수 없다면, 교수들에게 특권을 부여한 그 문화는 틀림없이 몰락할 수도 있었다. 이성처럼 문화도 본질상 통제적이고 조절하는 힘을 가졌다는 전제가 여기에서 발견된다. 하지만 자코뱅파는 이성을 통제 가능한 힘으로 여기지 않았고, 그랬던 만큼이나 미래주의자와 초현실주의자들도 문화를 그런 식으로 보지 않았을 것이다.

아널드는 "문화는, 소수의 지성과 우아함은 거칠고 암흑 속에 있는 군중이 지성과 우아함의 영향을 받기 전까지는 불완전하기 마련이라는 것을 안다"고 쓴다.[11] 이제 '문화'라는 용어는 새로운 적수를 발견했으니, 그 이름은 무질서다. 빅토리아 시대 영국의 문화에 대한 서적 중 가장 잘 알려진 책인 아널드의 《문화와 무질서 Culture and Anarchy》는 문화의 개념을 민중의 불만을 완화하는 한 방식으로 제시한다. 문화는 더 이상 통치자들을 결합하는 문제가 아니라 피통치자들을 포섭하는 문제가 된다. 우아함과 지성을 퍼뜨림으로써, 문화는 야만적인 평민의 가슴을 진정시키고, 제멋대로인 열정을 몰아내고, 대립하는 이해관계를 화해시키며, 균열된 나라에 화합을 부여할 것이다. 우리는 "런던의 민초들을 억누를 필요가 있는데, 이는 미래의 그들과 우리 모두를 최상의 인간으로 만들기 위한 것"이라고 아널드는 말한다.[12] 요컨대, 바깥에나 안에나 열등한 인종은 있다는 것이다. 정말로 19세기가 진행되는 동안 산업 노동계급은 점점 더 유럽 중심부에 있는 암흑의 대륙, 곧 문명이 키워낸 잠재적 반란 세력으로 그 문명을 흔적도 없이 사라지게 만들 역량이 있는 집단으로 여겨졌다. 식민주의자들과 식민지 주민들 간의 갈등이 식민지 주변부에서 제국 중심부로 옮겨왔던 것이다.

또 한 명의 빅토리아 시대 현자인 러스킨은 도시 군중의 곤경에 대해 아널드보다 훨씬 호의적이었다.

> 영국의 모든 제조업 도시에서 뿜어져 나오는, 용광로 폭발음보다 더 거대하게 울리는 그 비명은 모두 우리가 그곳에서 인간만을 제외하고 모든 것을 제조하고 있다는 바로 그 이유로 인해 터져 나오는 것이다. 우리는 면화를 표백하고, 강철을 단련하고, 설탕을 정제하며, 도자기를 빚는다. 그러나 살아 있는 인간의 정신을 밝히고 단련하고 정제하고 빚어내는 일은 우리의 이득 견적 속으로 결코 들어오지 않는다.[13]

러스킨은 실러의 주장을 영국의 어둡고 사악한 공장에 적용했던 것이다. 러스킨이 "살아 있는 것들의 기능을 절묘하게 충족하는 것"이라고 불렀던 문화는 문명에 대해 엄혹한 판결을 내린다.[14]

> 우리는 최근에 위대한 문명의 발명품인 노동의 분화를 깊이 연구하고 더욱 완성했다. 그저 우리는 거기에 잘못된 이름을 부여했던

것이다. 진실로 말하면, 분할된 것은 노동이 아니라 인간이다. 단지 조각들로 갈라지고, 삶의 작은 파편과 부스러기로 쪼개져버린 인간. (…) 당대의 다른 어떤 악보다도 직공이 기계로 전락한 바로 이 사실이야말로 이 나라 모든 곳의 군중을 그들 자신도 그 본질을 설명할 수 없는 자유에의 헛되고 두서없고 파괴적인 투쟁으로 이끌고 있는 원인이다.[15]

여기에서도 다시 공감과 이해 추구가 비밀스럽게 섞여 있는 게 보인다. 문화가 인류를 총체적으로 회복시킬 수 없다면 인류는 정의를 향한 분노로 문화를 짓밟아버릴 것이다. 아널드가 그랬듯, 문화의 개념은 러스킨에게도 매우 분명하게 계급 전쟁의 해결책으로 활용되고 있다.

이러한 낭만주의 휴머니즘 전통에서 예술로서의 문화는 그 자체로서만이 아니라 문명으로서의 문화가 어떻게 개조될 수 있는지에 대한 이미지를 제공하기 때문에 소중하다. 모리스가 말하듯, "(인류에게) 완전하고 합리적인 삶의 진정한 이상을 설정해주는 것은 예술의 영역이다".[16] 이와 유사한 정신으로, 마르크스는 생산에 대한 자신의 이상적 모델을 탄광이나 방적 공장이 아니라 예술 작품에서 발견한다. 코뮤니즘은 한 사람이 가진 힘의 자유로운 구현이 그 자체로 목적임을 의미하고, 예술은 이런 기획을 구체적으로 보여주는 이미지다. 낭만주의 휴머니즘 전통의 좌파 계열을 대표하는 모리스와 마르크스 모두에게 예술은 헛된 산업 노동에 대한 대안을 제공해준다. "예술의 목적은 우리의 충동 에너지를 기쁜 만족으로 만드는 일을 함으로써 노동의 저주를 파괴하는 데 있다"고 모리스는 말한다.[17] 급진 정치학의 목표는 문화에 대한 하나의 의미를 다른 의미로 확장하는 것이니, 곧 현재 소수에게만 국한된 창조적 힘을 사회적 존재 전체로 확대하는 것이다.

하지만 모든 윤리학이 다 그렇듯이, 자기실현이라는 낭만주의적 관념에도 문제는 있다. 사람은 자신이 가진 힘을 '모두' 표현해야만 하는가? 어떤 이의 역량이 위해를 가하고 착취하는 것이라면 어떻게 하는가? 아마도 실로 진정한 역량, 자신의 본질에서 솟아나오는 그런 역량만을 육성해야 할지도 모른다. 그러나 어떤 충동이 진정한 것이고 어떤 충동이 진정하지 않은지를 어떻게 판단하는가? 어쨌든 나의 자기실현이 타인의 그것과 충돌할 경우는 어찌해야 하나? 자신의 역량을 균형적이고 포괄적인 방식으로 실현하는 게 이상적이라면, 왜 이것이 단일하고 흔들림 없는 헌신보다 더 귀중하게 여겨져야 한단 말인가? 헌신적으로 정의를 추구하는 이의 삶이 암벽 등반을 하고, 교향곡을 휘파람으로 불고, 에스토니아어를 말하고, 집합론의 원칙을 파악하는 이의 삶만큼이나 풍요로우면 왜 안 되는가? 거듭 말하거니와, 다양성이 언제나 단일성을 능가하는 건 아니다.

자기실현이라는 낭만적 관념에는 대개 자아의 능력이 본질적으로 긍정적이라는 가정이 담겨 있다. 유일한 문제라면 그 능력이 어떤 외부적 장애물, 즉 국가, 법, 폭정, 가부장제, 초자아, 황제의 권위, 지배계급, 부르주아 도덕 등에 의해 막혀 있다는 것이다. 자유에의 장애물이 그런 외부적 장애물보다 더 가까운 곳에 있다면 어떨까? 프로이트의 관점에 따르면 우리는 초자아의 형태로 법을 내면화하는데, 그 법의 강권强勸을 위반하는 것은 우리 자신에게 상처를 가하는 위험을 무릅쓰는 것이다. 버크 역시 유일하게 효과적인 주권은 우리 스스로가 만들어낸 주권이라는 점을 인식하고 있다. 후에 그람시가 강압적 권력의 반대편에 있는 것으로 헤게모니적 권력이라고 부른 것이 바로 이것이다. 프로이트가 보기에 우리는 존재 앞에서 벌벌 떠는 바로 그 법을 사랑하는 뿌리 깊은 마조히스트이기도 한데, 이 점이 문제를 더 복잡하게 만든다. 권력과 욕망은 그저 적대자들이 아니라 공모자들이다. 그러니까 우리가 욕망을 표현하지 않는 한 욕망하는 것이 무엇인지 우리가 어떻게 알 수 있겠는가? 설령 안다고 하더라도 우리가 원하는 것이 무엇인지를 항상 알고 있는지는 명확하지 않다. 낭만주의 자유의지론자들이 가정하곤 하듯 우리가 자신에 대해 투명하게 알고 있지 않다면, 그 질문 앞에서 우리는 쉽사리 속아 넘어갈 수 있다. 가짜 욕망들이 있고 허울뿐인 자유가 존재하기 때문이다. 이에 더해 프로이트의 의심처럼, 욕망을 실현하는 것이 그것을 없애는 것이기도 하기 때문에 우리가 욕망을 실현하지 않기를 무의식적으로 원하고 있다면 어떻게 할 것인가? 욕망이 자신의 충족을 지연하기 위해 드러나는 거라면? 프로이트의 관점에 따르면, 욕망의 핵심에는 흠이나 결함이 있어서 욕망의 목표가 향하는 방향을 바꿔 빗나가게 만든다. 우리가 아무리 완전하고 자유롭게 스스로를 표현한다 하더라도 욕망에는 또한 언제나 실현되지 않은 잔여물이 생긴다. 불만족은 우리의 본성이며, 이 불만족을 다루는 과학의 이름이 정신분석이다.

낭만적 휴머니즘 전통은 이러한 일을 그다지 많이 반영하지 않으며, 마르크스 또한 이 전통의 연속선상에 있다. 마르크스는 인간의 힘과 역량이 그 자체로 긍정적이며, 우리가 그 힘과 역량의 본질에 꽤 직접적으로 접근할 수 있다고 가정하는 듯하다. 인간은 혼돈에 빠질 수 있고 조종될 수도 있으나, 본질적으로 자신을 투명하게 보지 못하는 건 아니라는 것이다. 이런 관점으로 볼 때, 인간성의 핵심 중 망가지거나 통제 불가능으로 드러나는 것은 없겠지만, 프로이트는 인간의 원죄에 대한 자기만의 그림을 그려낸다. 그럼에도 불구하고 마르크스는 낭만적 비전을 새로운 방향으로 끌어간다. 그가 한 일은 그 비전을 실제의 정치적 힘, 즉 노동과 사회주의 운동에 연결한 것이다. 이후 영국의 세기말에 모리스가 되풀이하는 일 역시 동일하다. 그런 물질적 구체화가 없는 문화의 관념은 추상적이고 학술적인 것으로 남겨지게 된다. 실러와 아널드와는 달리, 마르크스와 모리스는 둘 다 사회적 삶을 더욱 충만히 하기 위해, 자본주의를 폐지하려는 의문에 답하기 위해 어떤 물질적 조건이 필수적이어야 하는지에 대한 문제를 파고들었다. 특히 마르크스는 자신의 자기실현이 타인의 자기실현과 충돌하지 않도록 하려면 어떻게 해야 하는지에 대한 답변을 내놓는다. 그 답변은 암묵적으로 이렇게 나타나게 된다. '타인들이 자유롭게 자기실현을 할 수 있는 수단을 제공하는 방식으로만 당신 자신을 실현하라.' 이것이 그가《공산당선언*Manifest* *der Kommunistischen Partei*》에서 코뮤니즘 사회에서는 각자의 자유로운 발전이 모두의 자유로운 발전의 조건이 될 것이라고 언급할 때, 염두에 두었던 바로 그것이다. 이런 생각이 문제를 단번에 해결하는 것은 아니고, 마르크스 자신만의 독창적인 생각도 아니다. 다른 많은 부분에서처럼, 마르크스는 이 생각을 헤겔에서 끌어왔다. 그럼에도 이는 매우 풍부한 생각거리를 제공하는 윤리다.

마르크스와 모리스가 만들어낸 변화가 없다면, 문화라는 관념은 근대 문명에 대한 재기 넘치는 비판이되 정치적으로는 효과가 없는 비판으로 남는다. 문화는 시민사회를 변환하는 수단이기보다는 시민사회에서의 도피처가 된다. 콜리지에서 리비스에 이르기까지, 문화는 정치, 일, 시민권이라는 열등한 영역보다 높은 곳에 자신을 위치시킨다. 문화는 학살과 여성 억압, 기근과 경기침체라는 물질적 영역에서 대부분 떨어져 나와 도덕적이거나 개인적 혹은 정신적 사안이 된다. 종교가 그렇듯, 문화는 거의 전적으로 황폐하다고 혹평하곤 하는 문명에 약간의 정신적 보상을 제공한다. 실제로 드높은 올림포스산 위에서 아래를 내려다보는 문화는 타락한 현대적 존재로부터 그 어떤 긍정적인 것도 발견하기가 힘들다. 버크가 그토록 필수적이라고 여겼던 문화와 정치의 연결 고리는 점차 침식되어간다.

* * *

문화 개념은 18세기 전환기 무렵 산업주의에 대한 비판이 되었으나 동시에 또한 낭만적 민족주의의 토대를 놓기도 했다. 이미 살펴보았듯 헤르더는 이 낭만적 민족주의를 대단히 열정적으로 옹호하는 한 사람이었다. 비록 민족들은 그 기원이 보이지 않는 시간의 저편 깊은 곳에 있다는 판타지를 만들어내는 것을 선호하는 편이지만, 자율적이고 자결적인 민족이라는 관념은 탄생한 지 2세기 정도밖에 되지 않았다. 민족주의는 제국을 해체하고, 폭군을 끌어내리고, 다수의 새로운 국가를 탄생시켰다. 민족주의는 근대의 가장 성공적인 혁명운동임이 분명했다. 하지만 한 평자의 말에 따르면 그 일은 어느 정도는 "문학적 인간의 발명"이기도 했다.[18] 이는 세계를 변혁하는 기획들에서는 그리 흔치 않은 일이었는데, 주요한 이유는 민족주의가 문화의 관념에 중요성을 부여했기 때문이었다. 1916년 더블린에서 민족주의 반란자들을 처형했던 한 영국 장교는 이렇게 언급했다. "우리가 몇몇 이류 시인들을 없애주었으니, 아일랜드에 좋은 일을 해준 셈이다." 문화라는 관념이 일견 추상적이고 비현실적으로 보인다 해도, 무엇보다 혁명적 민족주의를 통해 문화는 지상의 모습을 새롭게 변화시키는 데 실제로 성공했던 것이다. 식민 지배자로부터 자유로워지고자 하는 민족들의 욕구는, 우리 시대의 소위 문화정치보다 훨씬 더 효과적인, 근대 문화와 정치의 가장 강력한 결합이라는 게 증명되었다.

시민권과 참정권 같은 문제를 중시하는 시민적 민족주의와는 달리, 낭만적 민족주의는 정치적 프로그램이기 이전에 정신적 원리다. 낭만주의는 정치의 시학으로, 토착산업을 보호하거나 새로운 화폐 단위를 생각해내는 것만큼이나 신화, 상징, 피의 희생 제의에도 관심을 두고 있으며 이미지, 원형, 창조적 상상력에 호의적이다. 저항의 시는 피식민 민족이 종국에 독립을 달성했을 때에야 비로소 국가 건설과 경제 구축이라는 산문에 자리를 내어준다. 어느 작가는 낭만적 민족주의에 대해 사적인 영역에서 정치적인 영역으로의 감정의 격상이라고 묘사한다.[19] 극단적으로 말해, 전능한 신을 대체하는 데 더 많이 성공한 근대의 수많은 대리물로서, 세속적 종교의 하나라고도 말할 수 있을 것이다. 신과 마찬가지로 민족은 성스럽고, 분할 불가능하고, 자급자족적이며, 시초나 종말이 없고, 모든 존재의 근거고, 정체성의 원천이며, 개인의 초월이자 죽을 만한 가치가 있는 대의다. 성자와 순교자의 만신전이 있듯이, 민족주의 영웅들의 별처럼 빛나는 은하수가 있다. 종교가 그렇듯 민족주의는 일상의 삶을 선각자적 이상주의와 결합한다. 헤르더의 동료였던 요한 고틀리프 피히테Johann Gottlieb Fichte가 말했듯, 민족은 신의 창작품이다.

민족해방운동의 등장과 함께 격동의 시기가 아니었을 때에는 거의 두각을 보이지 않던 시인, 예술가, 학자가 공적 명성을 얻게 된다. 지식인은 예이츠나 레오폴 상고르Léopold Senghor*

---

* 1906~2001. 시인, 교사, 정치가로 독립 세네갈공화국의 초대 대통령을 역임했다.

같은 방식으로 자신들의 작품을 나라에 바치고 더 비천한 이들과의 연대를 천명함으로써 이제 사회운동가가 될 수 있다. 역사학자, 문헌학자, 고대연구자가 서재에서 나와 정치적 각광을 받게 된다. 셸리는 시인을 인류의 드러나지 않은 입법자라고 보았다. W. H. 오든W. H. Auden은 이런 표현이 비밀경찰에 더 어울린다고 생각했지만, 실제로 반식민주의 전쟁의 발흥과 더불어 많은 민족주의 예술가가 현실의 입법자가 되었다. 민족주의 운동은 독자적인 예술 문화를 일으키는 경향이 있고, 따라서 예술로서의 문화와 삶의 방식으로서의 문화 간의 연결을 만들어낸다. 그러나 신자유주의나 사회민주주의에 대해 동일하게 말하기는 힘들 것이다.

헤르더 같은 낭만적 민족주의자들은 민족을 단일하고 자기창조적이며 자결적이라고 바라본다. 이런 점에서 민족은 예술 작품을 닮았다고 보일 수 있다. 이런 신조가 근대사회에 일으킨 대혼란은 과대평가하기조차 어려울 정도로 사실이다. 한 예로, 단일한 민족이란 존재하지 않는다. 대부분의 사회는 종족적으로 다양하고, 모든 사회는 사회적으로 분할되어 있다. 국가는 정치적 구성물이지 자연적 현상이 아니다. 한 지역이나 나라의 시민들이 외부의 권력에 억압당하고 있다면 이들은 자결권을 가져야 하지만, 그런 권리를 가지는 이유가 이들이 사람들이어서가 아니라 이들이 한 민족이기 때문이라는 건 논란거리다. 당신이 스위스인이나 소말리아인이라는 사실이 자동적으로 당신에게 자치 정부를 가질 자격을 부여한다고 믿는 것은 낭만적 신비주의다. 앙골라인들을 억압하는 게 잘못된 이유는 앙골라인이라는 사실이 본질적으로 고귀한 무엇이라서가 아니라, 억압당하는 것 자체에 본질적으로 문제가 있기 때문이다. 개인으로서의 앙골라인은 분명 태어날 때부터 귀중한 존재일 것이지만, 그건 다른 문제다. 다른 나라에 가서 오랫동안 거주한 영국 본토 출신의 일부 집단이 단지 그들이 영국인이라는 이유로 그 땅에서 주권을 행사할 권리를 갖지는 않는다. 북아일랜드가 이런 경우에 속하며, 그로 인해 발생한 유혈사태의 역사를 거치며 도달한 결론이 바로 이것이다. 종족적 정체성을 가지는 일이 자연스럽게 정치적 시민권을 행사하는 일과 연관되지는 않는 것이다. 타인들이 본토인을 식민화하는 것이 부당한 일인 이유는 약자를 괴롭히는 이웃들이 당신을 당신의 집에서 쫓아내는 일이 부당한 것과 거의 마찬가지다. 식민화의 부당함에 관한 한, 당신을 몰아내는 사람이 어떤 인종이나 어떤 민족 출신인지는 전혀 상관없다.[20] 식민주의의 뿌리에는 정치적·경제적 현실이 있는 것이지 (몇몇 포스트식민주의 이론이 상상하듯) 문화적 현실과는 관련이 없다. 에드먼드 버크식의 자애로운 식민주의가 토착민의 문화를 소중히 여기고 보호하려는 것처럼 보일지도 모르지만, 그렇다고 해서 이에 저항해서는 안 될 이유는 없다.

앞에서 버크가 생각하는 문화가 권력을 부과하는 방식임과 동시에 거기에 이의 제기를 하는 양식일 수 있음을 살펴보았다. 이와 거의 동일한 모호함이 민족주의에서도 발견될 수 있다. 민족주의가 나치의 교리라면, 또한 피식민지인이 식민 지배자를 물리치고 어느 정도의 자결권을 성취해내는 수단이기도 하다. 민족주의는 대영제국이면서 동시에 대영제국에 반대하는 전 세계적 저항이기도 하다. 반식민주의는 영국인에 대항한 아메리카인들의 반란임과 동시에 미합중국의 지배에 대항해 차례로 들고 일어났던 빈국들의 반란이기도 하다. 이보다 더 자기모순적인 정치 형태를 찾기란 어려운 일이다.

만약 문화가 우리로 하여금 생존과 번영을 허락해주는 어떤 것이라면, 문화는 또한 사람들이 그것을 위해 항상 죽일 준비를 하게 만드는 일이기도 하다. 반식민주의 반란과 그 이후에 일어난 종족 간 갈등 모두가 그 증인이다. 아주 이상한 사람들만이 언제든 발자크Honore de Balzac나 베를리오즈Hector Berlioz를 죽이려고 준비가 되어 있지만, 엄청나게 많은 사람이 종족적·종교적·민족적 정체성이라는 의미에서의 문화 때문에 학살을 자행하거나 순교를 당할 준비가 되어 있다. 언어, 믿음, 친족관계, 상징, 유산, 조국은 오늘날 갈등을 치명적으로 만드는 잠재적 원천이다. 이러한 것들은 단결의 접점이라기보다 분쟁의 지점이다. 바로 여기에서 문화 개념의 거대한 역사적 변화가 일어난다. 실러, 콜리지, 아널드 같은 사상가들에게 문화는 무엇보다도 화합을 가능케 하는 힘이다. 문화는 우리가 분파적 말다툼을 뛰어넘어 보편적 인간성이라는 근거 위에서 서로 수렴되게 해준다는 것이다. 문학과 예술이 필수적인 것이라면 그 중요한 이유 중 하나는, 철학이나 정치학같이 활력 없는 학문은 경쟁도 할 수 없는 방식으로 인간성을 독특하게 생생한 형태, 즉각 감각으로 느낄 수 있는 형태로 요약해주기 때문일 것이다. 문학과 예술은 우리가 어떻게 살아야 할 것인지에 관한 근본적인 가치들을 거의 말 그대로 손에 쥐고 느끼게 하는 수단으로 존재한다.

조화를 가져다주는 문화의 힘으로 인해 우리는 지위, 계급, 권력, 젠더, 종족, 사회적 불평등같이 하찮은 것에 대한 물질적 집착을 뛰어넘고 이런 논란거리들을 뒤로한 채 더 높은 곳으로 솟아오를 수 있다. 정치는 적대를 만들어내는 그런 주제들에 대해 즉각적인 해결책을 주지 않지만, 문화는 우리에게 정신적인 해결책을 제공해줄 것이다. 따라서 문화는 종교가 하는 것과 유사한 기능을 수행하는데, 바로 이것이 문화가 그처럼 자주 종교적 믿음의 세속적 판본이 되려고 했던 하나의 이유다. 종교적 믿음에 대해 마르크스가 했던 유명한 말처럼, 문화는(혹은 인문학은) 비정한 세계에 남아 있는 다정함이요, 영혼이 사라진 조건 속에 남아 있는 영혼이다. 또한 문화는 대개 지식인들의 아편이기도 하다. 그런 점에서 문화는 더없이 고귀한 동시에 대체로 무력하다. 문화가 인간 갈등의 해결책이 될 수 있다면, 그런 적대에 대해 상상적 해결책을 제공해줌으로써만, 따라서 실제로 벌어지는 적대에서 우리의 관심을 돌리게 만듦으로써만 가능하다. 그림의 떡은 신학적인 것도 있지만 문화적인 것도 있다. 이런 의미에서 문화가 공적 영역에서 더 이상 필요하지 않고 제 기능을 못한다는 이유로 내쳐진 가치들을 양성할 수 있다면, 그건 대체적으로 문화가 일상 세계에서 아무런 역할도 할 수 없는 위치에 있기 때문이 아니라, 그 일상 세계를 변화시킬 기술을 덜 갖추었기 때문이다. 실러, 아널드, 러스킨 같은 작가들의 문제는 산업자본주의의 부흥과 더불어 일상 세계의 변화에 대한 필요가 긴급해졌지만 그 변화를 성취할 수단이 그 어느 때보다 흐릿했다는 데 있다.

하지만 혁명적 민족주의의 발흥과 더불어 문화는 해결책이 되는 대신 문제의 일부가 된다. 문화는 더 이상 정치의 원수가 아니며, 정치적 요구의 틀을 제공해주고 이를 정확히 표현하고 싸울 때 쓰는 특정 문구 자체가 되는 것이다. 여전히 영광의 구름으로 둘러싸여 있기는 하지만, 문화는 이제 정치적으로 적극적인 힘이 되기 위해 하늘에서 땅으로 내려와 현실적이 된다. 민족주의에서 문화가 하는 이 역할은 민족주의를 바싹 좇아가느라 바쁜 소위 정체성 정치—페미니즘, 종족 분쟁, 동성애자 인권 등—에서도 똑같이 반복된다. 동시에 자본주의 노동시장이 정말로 세계화되면서 남녀 노동자들이 일거리를 찾아 전 세계로 이주하고, 이에 따라 과거에 대체로 단일 종족으로 이루어졌던 국가가 다문화적인 국가로 전환된다. 이런 식으로 서로 다른 종족 집단들 간의 긴장이 정치적 안정성에 위협을 주게 됨에 따라 여기에서도 역시 문화는 문제의 일부로 재정의된다. 이제 종족성과 이민이라는 형태—사실주의 스탕달과 낭만주의 슈만이라는 형태가 아니라—로 문화는 서구의 심장부에서 일상적인 논란의 주제가 된다. 인간의 문화가 서로 겹칠 수 있다거나 다양한 문화를 동시에 공유할 수도 있다는 생각은 결코 새롭지 않다. 역사에는 그런 혼성적인 생활 형태의 예가 셀 수 없이 많다. 새로운 게 있다면 이제는 고도의 문화적 다양성이 사회적 존재의 일상적인 조건이 될 것이라는 데 있다. 단일성과 순수성이라는 관념이 고전적인 문화 개념 아래 흔히 도사리고 있었던 것이라면 이제 그런 관념들 대부분은 역사의 뒤안길로 사라졌다. 문화와 순수성은 더 이상 손을 맞잡고 같이 행진하지 않는다.

로버트 J. C. 영에 따르면 "문화라는 근대 인류학적 개념이 탄생한 환경은 계급 갈등과 인종 갈등"이다.[21] 식민 권력과 19세기 인류학 간의 위험한 동맹을 생각해볼 때, 문화 관념의 핵심부는 인종주의 이데올로기에 의해 오염되어 있는 것이다. 사실, 'culture'의 어원 중 하나인 라틴어 동사 'colere'는 차지하거나 거주한다는 의미를 갖는다. 인간이 만든 가장 고귀한 것들을 표상하는 단어는 인간이 만든 가장 추악한 것들도 담고 있는 것이다. 전근대적 종족들에 대한 '과학적' 연구에서 문화가 담당했던 역할, 즉 그들을 인간 이하의 타자성 속에 가둬두려 했던 역할을 오늘날 우리가 문화 개념에서 제거하기란 어려운 일이다.

식민주의자들은 피식민지인들을 억압하던 바로 그 순간에 이들을 유별나고 독특한 인간들로 재현하기도 했다. 아일랜드의 경우에 대해 루크 기번스Luke Gibbons는 이렇게 기록한다.

> 켈트족은 정치적 힘을 잃은 데 대한 위안으로 무한한 시적 자유를 허가받았으며, 이는 진보의 행진에서 제외된 공동체들―중동인들, 아프리카인들, 아메리카 원주민들, 가까이로는 이상화된 농노들―이 상상의 영역에서 내세를 즐겼다는 낭만주의 시대의 비가가 자아내는 분위기와 일치한다.[22]

공리주의 문명이 그처럼 잉여의 짐으로 여겨 내팽개쳤던 가치들―관능, 신체적 우아함, 성 에너지, 상상적 활력―은 예술의 주변부에서 그랬듯이 식민지 주변부에 상상적 거주지를 마련한다. 그러고 나면 이 가치들은 적정한 거리를 두고 합리적이고 신중하게 소비될 수 있다. 대략 말하자면, 식민주의자들이 문명을 가진 반면, 피식민지 신민들은 문화를 가진 것이다. 우리는 피식민지인들의 솔직함과 관능성을 부러워하고, 피식민지인들은 우리의 식기세척기와 대성당을 부러워한다. 그들은 우리보다 더 자연에 가깝고, 우리는 그들보다 더 우아하다. 이런 식의 진부한 지혜가 가진 신뢰를 제거하기에 충분한 단 하나의 문화적 장치가 있다면, 그것은 예술이다. 예술은 점진적인 진보를 뽐내는 영역이 아니기 때문이다. 토착 예술은 추상적 표현주의만큼이나 세련되었다. 아이슬란드의 영웅전설에서 솔 벨로Saul Bellow로 진보해가는 그런 상향로는 존재하지 않는다.

식민주의자들은 문명화의 임무를 추구하는 과정에서 놀랄 만큼 다양한 문화와 조우한다. 이 문화들은 (적어도 식민주의자들이 그 장소에 도착하는 그 순간까지는) 이들도 인정할 정도로 잘 작동하는 상태로 존재하는데, 이 점은 이들에게 약간의 동요를 불러일으킬 수밖에 없다. 특히 그런 문화들에 대해 당신이 주권을 가졌다고 거짓으로 주장하는 일을 해야 하는 상황이라면 당신 자신의 인종이 혹은 문화가 더 우월하다고 강력하게 믿어야 할지도 모른다. '할지도 모른다'고 가능성으로 표현하는 이유는 타인들을 예속시키는 일에 반드시 자신의 탁월함에 대한 믿음이 수반되어야 할 필요는 없기 때문이다. 그런 믿음이 수반될 필요가 없는 경우라 해도, 다른 생활 형태가 순전하게 번영하고 있다는 것만으로도 당신 자신의 생활 형태에 대한 믿음을 뒤흔들기에 충분할지도 모른다. 셀 수 없이 다양한 삶의 방식이 있고 그 대부분이 상당히 자립적이라는 사실은, 만약 식민주의자 당신이 외국의 강에 포를 장착한 군함을 보내느라 바쁘다면, 진정으로 듣고 싶지 않은 소식이다. 거기에는 당신의 자기 확신을 부식시킬 위험이 있는 문화 상대주의의 낌새가 너무 많이 풍긴다. 조지프 콘래드Joseph Conrad의 《어둠의 심연Heart of Darkness》에서 식민주의자에서 허무주의자로 변하는 인물인 커츠가 그러했다. 커츠는 처음에는 문명화된 우아함과 지성을 식민지 아프리카에 전하고자 했으나, 이방 문화와의 조우는 그가 가지고 있던 문명의 개념이 백인들이 내세우고 있는 것에 불과할 뿐임을 드러내주었고, 이로 인해 백인의 의무에 대한 커츠의 믿음은 곧 달갑지 않은 일이 되어버린다.

이 상황과 거의 유사한 일이 E. M. 포스터E. M. Forster의 《인도로 가는 길A Passage to India》에도 나오는데, 이 소설에서 중간계급 출신 영국인인 무어 부인은 식민지인 인도가 가진 문화적 차이와 조우함으로써 영국인으로서 지녔던 정체성이 심각하게 약화되었음을 알게 된다. 결과적으로 그녀는 인류에 대한 허무주의적 혐오 속에서 쓰러지고 삶을 쥐고 있던 손을 놓쳐버린다. 어떤 의미에서 무어 부인은 문화 상대주의, 특권의 몰락으로 죽었을 수도 있다. 커츠가 계몽된 식민주의자에서 야만적 허무주의자로 바뀐다면, 무어 부인은 다원주의를 너무 멀리까지 밀어붙였던 블룸즈버리식 자유주의자*다. 무어 부인이 (자신의 교만한 제국주의자 아들처럼) 완고한 국수주의자라기보다는 자유주의자, 곧 타인들의 풍습에 본능적인 존중심을 가진 여인이라는 사실이 그녀를 존재론적 몰락에서 구원해주지는 않으며, 이는 식민주의와 문화의 관계라는 문제가 얼마나 뿌리 깊은지를 여실히 보여주는 것이다. 실제로 무어 부인을 정신적 피로 속으로 몰아넣는 원인은 바로 그녀가 가진 감수성 자체다.

하지만 이 소설은 무어 부인의 몰락 원인을 상대주의에서 찾는 일을 조심스레 상대화하고 있다. 상대주의는 최종적 진실로 여겨지지 않는다. 무엇보다도 자신의 가치가 가진 허약함에 대해 역설적인 감각을 적절하게 가지고 있는 사람이라면 그런 방향 상실에 쉽게 빠져들지 않을 것이다. 무어 부인은 문화를 뛰어넘는 소통의 어려움과 인간의 착오가 지닌 난해한 속성, 더불어 어떤 특정한 문화적 가치의 집합도 우주 자체가 보증하는 것은 아니라는 사실을 인식했던 것이다. 그러나 그렇다고 해서 이내 그러한 문화적 가치가 멍청하다는 인식이 따라오는 것은 아니다. 이 소설 자체의 관점으로 보면 그녀의 절망은 시기상조다. 마찬가지로 스스로 부정할 수 있는

---

* 블룸즈버리 그룹은 1907~1930년 사이 런던 블룸즈버리에서 친교하고 글을 쓰던 작가, 예술가, 지식인 집단으로 버지니아 울프, 로저 프라이, E. M. 포스터, 존 메이너드 케인스 등이 여기 속했다. 제1차 세계대전 무렵의 혼돈기에 이성, 미, 우정을 중요하게 여기면서 기존 문단과 예술계의 형식주의에 도전한 자유로운 모더니스트들이다.

문화적 관점은 언제나 가능할 수 있다. 아마 그런 식의 퇴행은 거의 무한할 수도 있으리라. 스위프트의 소설에서 걸리버는 세계의 어떤 곳에는 거인국 사람들을 소인국 사람들로 바라볼 사람들이 있을지도 모른다는 생각을 한다. 18세기에 문화적 상대주의는 결코 미지의 개념이 아니었던 것이다.

토착 원주민들이 당신과 완전히 다른 존재일 수는 없다. 만일 그렇다면 그들을 제압할 가능성도 함께 사라지기 때문이다. 소총에 맞으면 죽을 수 있다는 점을 이해하지 못하는 사람들에게 당신의 권위를 강요하기란 어려운 일이다. 그렇다고 그들이 당신과 너무 꼭 닮아서도 안 되는데, 그러면 그들이 당신 자신의 행위를 낯설게 만들어 불쾌하게도 새로운 시각으로 그것을 바라보도록 하는 지점에 데려가므로, 그들이 당신 자신의 무시무시한 패러디로 보일 수도 있기 때문이다. 걸리버는 소인국 사람들을 그저 괴물이나 이국적인 존재로 묵살해버릴 수 없다. 그들의 행동이 자기 동포들의 가장 존중할 수 없는 특징들과 불편할 정도로 너무나 닮았기 때문이다. 스위프트의 소설은 이 난쟁이 같은 존재들이 우리에게는 이질적인 존재들일 것이라고 기대하게 만들지만, 결국은 그들이 가장 당황스러운 방식으로 우리와 아주 가깝다는 점을 보여줌으로써 독자들의 기대를 망쳐놓는다. 그렇게 해서 탐욕, 허영심, 권력을 향한 욕구는 보편적인 특징임을 암시하는 것이다. 만약 유럽인들이 자신들의 본성이 보편적이라고 스스로 만족하며 믿는다면, 스위프트는 이 믿음을 비꼬아서 유럽인들에게 되돌려준다.

스위프트는 버크가 맹공격을 퍼부었던 계급인 영국계 아일랜드인 개신교 지배 집단의 일원이었으며, 영국인과 아일랜드인 모두는 스위프트가 권력의 핵심부에 있는 정복자인지 주변부로 밀려난 희생자인지 확신할 수 없었다. 그는 아일랜드와 완전히 연결된 사람이면서 바깥의 시선으로 안을 들여다보는 사람이기도 했다. 얼간이 같은 걸리버도 이와 유사한 모호성을 보인다. 걸리버는 그가 조우하는 문화로부터 너무 멀리 떨어지거나 아니면 그 문화에 너무 감상적으로 동조하려고 한다(한마디로 '잘 속는 사람gull'이다). 그는 소인국 사람들이 부여해준 의미 없는 직위를 어리석을 만큼 자랑스러워하고, 현미경으로나 봐야만 할 소인국 여자와의 성관계 자체가 우스울 정도로 불가능함에도 그녀와의 성관계를 강하게 부인하기도 한다. 하지만 그가 거인국의 왕 앞에 서게 되었을 때, 그는 자신의 문화적 규범 안에 너무나 편협하게 사로잡혀서는 멍청한 국수주의자처럼 자기 나라의 군사력을 뽐냄으로써 거인국 왕의 미움을 사는 것으로 드러난다. 거인국 사람들은 걸리버 자신처럼, 아주 혐오스러운 곤충에 비추어본다면 자신들이 가진 성향도 얼마나 경멸스러울 수 있을지 돌이켜본다. 《걸리버 여행기Gulliver's Travels》 텍스트 전체는 친밀함과 기이함 사이의 이런 상호작용에 의지하고 있다. 친숙한 것이 사실은 이상한 것이 되고, 첫눈에 이질적으로 보이는 것은 흔히 두려울 정도로 익숙한 것임이 드러난다.

걸리버는 혐오감을 주며 똥칠을 한 야후들Yahoos로부터 자신을 구별하는 데 열정적이지만, 통치자인 휴이넘 사람들Houyhnhnms이 자신을 야후와 유사한 존재로 여긴다는 사실을 안다.* 스위프트 자신이 영국인 통치자들과 게일인 대중 사이에 끼여 있는 것처럼 걸리버도 휴이넘 사람들과 야후들 사이에 끼여 있다. 걸리버가 휴이넘 사람들의 편에 서는 것처럼, 식민지에는 자신들을 대중과 구분하면서 식민주의자들과 동일시하는 '상층' 원주민들(예컨대 영국계 아일랜드인)이 있다. 그러나 식민주의자들은 이렇게 위치를 바꾼 이들을 결코 자신들과 동일한 이로 포용하지 않고 대중도 역시 그들을 밀어낸다. 이들은 휴이넘 통치자들의 우월한 문화도, 하층민 야후의 거칠고 자연스러운 활력도 결핍한 채로, 걸리버처럼 두 세계 모두에서 결국 최악의 상태로 남게 될 것이다.

요컨대 상황은 '피식민지인들 대 식민주의자들'이라는 단순한 구분이 암시하는 것보다 더욱 복잡하고 논쟁적이다. 예를 들면 일부 식민지 시민들은 토착 문화도 식민주의자들의 생활 방식도 모두 거부하고 정치적 자율을 요구하지만, 헤르더식으로 위험에 빠진 민족어와 문화를 회복하는 것이 정치적 자율을 쟁취하는 최선의 방법인지에 대해 의문을 품는다. 아일랜드의 경우, 맥락을 따져볼 때 민족주의 지도자인 대니얼 오코넬Daniel O'Connell과 찰스 스튜어트 파넬은 모두 이런 신념을 갖고 있

---

* 《걸리버 여행기》의 4부에 등장하는 나라가 말馬의 나라인 휴이넘이다. 말들은 말을 하고 걸리버에게 그들의 말을 가르치며 대화한다. 이 나라에는 야후들이 사는데, 야후는 인간의 형상을 했지만 짐승처럼 사는 이들로 휴이넘 사람들의 경멸을 받는다. 야후가 인간의 형상을 한 짐승이라는 점에서 걸리버는 휴이넘 사람보다는 야후와 더 유사하다.

었다. 그들의 관점에서, 식민화는 정치적 수모였지만, 그와 더불어 후진성에서 근대성으로 민족이 도약할 수 있는 수단이기도 했다. 하지만 그런 관점이 이 나라를 식민 지배자들의 값싼 모조품으로 전락시킬 수도 있다고 주장했던 아일랜드 청년당Young Ireland 같은 세력들도 있었다. 대신 아일랜드는 정치적 자율로 가는 특수한 문화적 경로를 찾아야만 한다는 주장도 있었으며, 이는 게일 부흥주의자들Gaelic Revivalists 사이에서도 인기 있던 관점이었다. 이 지식인 중 일부가 민중의 문화를 이상화했다면, 이 민중의 일부도 그런 이상화에 앞장섰던 것이다.

식민지 통치계급 중에는 대중보다 더 대중의 문화를 열렬히 포용하는 변절자들도 있을 수 있다. 아일랜드에서는 예이츠, J. M. 싱J. M. Syng, 레이디 오거스타 그레고리Lady Augusta Gregory가 그 사례가 될 법하다. 영국계 아일랜드인 집단으로서 이들은 자신들이 아일랜드의 이등 지배 계층으로, 영국의 웨스트민스터 정치인들에 의해 열등한 이들 혹은 주변부인들 취급을 당한다는 점을 불편하게 의식하고 있었다. 그렇기에 동포이면서도 조금은 더 특권을 누리고 있었던 그들은 자신들보다 더 참혹하게 권리를 박탈당한 동포들에게 자연스럽게 공감했다. 스위프트처럼 진정한 동포애적인 느낌이라고는 하나도 없으면서도 민중을 대변할 수도 있는 다른 영국계 아일랜드인도 있다. 빈곤한 게일인들을 대변해 그토록 유창하게 발언했던 스위프트가 그들을 혐오했다는 건 과도한 주장일 수도 있겠다. 어떤 시민들은 식민 정부와 공모했을 것이고, 스위프트 같은 이들은 반쯤만 그렇게 했을 것이며, 또 다른 민족주의자들은 스스로 정치 엘리트 계층을 형성하고 싶은 열정이 외국의 지배로 인해 가로막혔다는 사실로 인해 식민 통치에 저항했을 것이다.

지배계급이 외국에서 다른 민족을 억압하기 위해서는 국내에서 자기 권력을 지지하는 일에 기여해야 할 수도 있다. 적어도 자기 나라의 가장 하층 시민들이 이제 다른 이들(아일랜드인들)보다 우월하다는 느낌을 가지게 되면, 자신들의 낮은 지위에 대해서 덜 억울해할지도 모르는 법이다. 마르크스는 영국 노동계급이 아일랜드 이민자들에게 가지는 태도가 이를 보여 준다고 생각했다. 다른 한편으로는, 지배자들의 취향에는 썩 잘 들어맞는다고 볼 수는 없겠지만, 본국의 노동계급이 외국의 피식민 저항자들과 어느 정도의 정치적 연대를 맺을 수도 있다. 이에 더해 제국의 엘리트 중에서도 피식민 저항자들에게 어느 정도의 공감을 느끼는 이들이 생길 가능성이 있으니, 이미 살펴보았듯이 버크나 셰리든 같은 의회 의원들의 경우가 이에 속한다. 또다시 버크를 포함한 다른 이들은 식민 통치자들의 고압적인 행위가 토착민들의 불만을 야기하고, 그 때문에 전체 식민 기획 자체를 위험에 빠지게 할 수 있다는 이유로 식민 통치자들을 비판할 수도 있다. 이들의 관점에서 볼 때 대중은 외국 지배자들에 대해 존중과 저항 사이를 오가는 일관되지 않은 태도를 가지는 경향이 있다. 아일랜드 시골의 소작민들은 아침에는 자신들의 지주에게 충성 서약을 읽지만 밤에 몰래 지주의 소에게 다가가 힘줄을 끊어놓을 수 있는 것이다. 이런 모순적 태도에 지친 나머지 발뒤꿈치에 묻은 식민지의 흙을 경멸하며 털고 떠나버리는 이들도 있을 수 있으니, 제임스 조이스와 사뮈엘 베케트가 그런 이들에 속한다.

스위프트 소설이 주는 교훈 중 하나는 이것이다. 사람은 자신의 문화가 가진 상대성에 대해 적절히 비꼬는 감각을 가져야 하지만, 마지막에는 말처럼 힝힝거리고 말 흉내를 내며 걷는 걸리버처럼 자기 문화를 완전히 부인하고 광기와 절망에 빠져드는 데까지 이르러서는 안 된다는 것이다. 외부에서 진정한 판단을 통해 자기 상황을 파악하려 노력해야 하지만, 그렇다고 해서 회의주의와 자기혐오 속에 머리를 박고 곤두박질쳐서는 안 된다. 상황을 판단하는 데 절대적으로 유리한 위치가 문화 바깥에 있지는 않지만, 그 말은 우리가 어떤 특정한 문화적 틀에 무력하게 갇힌 죄수의 운명이라는 뜻도 아니다. 인류학자 클로드 레비스트로스Claude Lévi-Strauss는《슬픈 열대Tristes Tropiques》에서 다른 문화로 들어가는 길을 느끼려면 자기 문화의 삶의 방식을 더 완전하게 파악해야 한다고 쓴다. 우리는 타인들의 행동에서 우리 자신의 상징 세계를 규정하는 법칙의 다른 판본, 매혹적이고 낯선 판본을 발견하기 때문이다. 이 법칙이 낯설어 보이는 이유는 우리가 그것을 새로운 통찰로 바라보기 때문이다. 하지만 자신을 낯설게 바라보는 그러한 일은 우리가 타인들과 일정한 보편성을 공유하기 때문에 가능한 일이다. 단지 차이만 존재한다면, 그러한 변형적 대화는 발생할 수 없을 터이다. 그러니까 다른 문화와 조우할 때, 우리는 타인들을 한 가족으로 인식하면서 자신의 행위를 새로운 눈으로 응시하게 되고, 그럼으로써 자신 안에 있는

어떤 뿌리 깊은 타자성과 대면하는 상황에 맞닥뜨린다. 레비
스트로스가 《구조인류학Anthropologie Structurale》에서 말하듯,
우리는 "타인 중의 타인으로" 자신을 바라보아야 한다.

* * *

근대적 문화 관념의 또 다른 원천은 신의 죽음이다. 아마 문화
는 세속적 근대성이 도려내버린 신 모양의 구멍을 채울 수 있
을 것이다. 이 주제에 대해서는 다른 곳에서 길게 쓴 적이 있
으므로 그 세부 논점들을 여기에서 반복하지는 않으려 한다.[23]
이성, 정신, 예술, 과학, 국가에서 민중, 민족, 인류, 사회, 무
의식, 마이클 잭슨에 이르기까지, 근대는 신의 실패한 대체물
들로 가득하다고만 말해도 족하리라. 전능한 신의 망가진 대
리물 중에서 가장 그럴듯한 것 중 하나로 등장하는 관념이 바
로 문화다. 사실 '문화culture'와 종교 용어인 '컬트cult'는 어원
을 살피면 서로 관련이 있다.* 수많은 미학 용어(상징, 창조, 영
감, 계시, 단일성, 직관, 자율 등)는 신학에서 떨어져 나온 조각들
이다. 종교가 그렇듯, 문화는 가장 소중한 가치들을 일상적 행
위에 연관시킨다. 종교가 그렇듯, 문화 역시 근본적 진실, 정
신적 깊이, 올바른 행위, 불멸의 원칙, 집단적 삶의 형태에 관
한 문제다. 게다가 문화에도 그만의 제의, 고위급 사제, 존경

---

* 'cult'와 'culture'는 모두 돌봄, 노동, 경작, 숭배 등의 뜻을 가진 라틴어 'cultus'에서
  유래했다.

의 상징, 숭배의 장소가 있다.

매슈 아널드가 문화를 절대적이고 초월적인 것으로 여기는 반면, 20세기의 가장 영향력 있는 문학평론가 중 한 명인 리비스는 문학을 사실상 종교의 대체제로 다룬다. 그의 동료 비평가인 I. A. 리처즈I. A. Richards는 시가 "우리를 구원할 수 있다"고 선언하기도 했다.[24] 잠깐 동안은, 그러니까 신이 분명 사라졌다는 점이 사회 불안정의 원인이라는 위협이 통했던 시대에는 문화가 신을 대신할 수 있을 거라고 믿을 합당한 이유가 있어 보였다. 사회질서는 도덕성에 달려 있다고 여겨졌고, 결국 도덕성은 종교적 신앙에 달려 있는 것이 전통적이었다. 그렇다면 국가의 토대가 어떻게 신의 죽음을 딛고도 그대로 남을 수 있겠는가? 종교는 대중과 소수파, 평신도와 사제, 일상 행동과 절대 진리, 영적인 문화와 인류학적 문화 사이에 다리를 놓아주는, 역사상 가장 강력하고, 지속적이고, 보편적이고, 끈질긴 데다, 뿌리 깊이 박힌 대중문화의 형식이다. 그런데 만약 종교가 인류에 대해 가진 영향력이 느슨해진다면, 그것이 담고 있는 가치들은 다른 곳으로 옮겨져야만 한다. 하지만 그 모든 약속에도 불구하고 문화는 초월자로부터 지휘봉을 넘겨받을 수 없는 것으로 드러났다. 소수파적이고 미적인 의미에서 문화라는 용어가 사회에서 포괄할 수 있는 부분은 너무나 협소한 반면, 종교는 수십억의 남녀에게 영감을 불어넣을 수 있었다. 그러나 문화를 더 광범위한 인류학적인 의미로 보면서 단일성, 행복감, 위안의 원천을 제공해주기에는 상충되는 의견들이 너무도 많아 분열되어 있었다. 예술로서의 문화가 너무 심오해

은혜와 구원을 담보해줄 수 없다면, 일상생활로서의 문화는 너무 단조로울 뿐 아니라 너무 논쟁적이라 그 일을 할 수 없다.

빅토리아 시대 현자들이 이 문제에 대해 고찰했을 때, 이미 문화의 전체 성질 자체가 극적으로 변환되는 일이 기다리고 있었다. 곧 예술적 의미에서의 문화가 진정으로 다수의 행위로 변하는 것이었다. 물론 윌리엄 모리스가 희망했던 방식은 결코 아니었다. 문화는 오랫동안 상업과 기술에 밀접하게 연관되어 있었지만, 이제 영화, 라디오, 텔레비전, 음반, 광고, 대중 언론과 대중 소설이 도래함에 따라 문화 자체의 속성상 재빨리 주요 산업이 되었다. 20세기 초반 이후 현재에 이르기까지 환상의 대량생산은 수익성이 좋은 장사라는 게 드러났다. 소위 '문화산업'이 탄생한 것이다.

어느 평자가 문화 생산의 역사상 가장 거대한 변화라고 불렀던 이 시기에[25] 대부분의 문화는 더 이상 근대적 공장제 생산에 대한 비판을 하지 않았고, 오히려 매우 수익이 높은 공장제 생산의 한 영역이 되었다. 문화는 설탕 정제나 밀 추수만큼이나 자본주의의 물질적 기반시설에 속했다. 헤르더가 꿈꾸었듯이 대중문화는 전면에 부상했으나, 대부분은 대중이 생산해내는 게 아니라 대중이 소비하는 문화였다. 대중문화는 노동 이후의 위안을 어느 정도 제공해줄 수 있었으나, 여흥의 영역 자체를 산업 생산 세계의 특징인 기계화된 과정으로 전환시켰던 것이다.

더욱 저항적인 소수 문화는 계속 번성하기는 했으나, 피난처를 찾아 예술가 동아리, 비주류 잡지, 소규모 출판사, 다문화적인 카페 같은 곳으로 물러나지 않을 수 없었다. 대중문화가 상품화되었다면, '순수예술'은 너무 쉽게 소비되는 치욕을 겪지 않기 위해 난해한 언어, 탈구된 의미, 모호한 서사, 파편화된 형식을 씀으로써, 즉 일상의 존재에 대해서는 등을 돌리는 방식으로 상품화라는 모욕을 피하려 했다. 예술은 대량생산 체제의 톱니바퀴로 전락하기보다 자신만의 순수성과 자율성을 지켜나가기를 고집했던 것이다. 예술 작품은 사회적 목표 같은 천박한 것은 다루지 않았다. 상품과는 달리 예술 작품은 그 자체가 가치 있는 것으로 존재했다. 우리가 모더니즘으로 알고 있는 그 예술 실험을 가능케 한 원천은 많지만, 대중문화에 대한 완강한 저항이 그 원천 중 하나인 것은 분명하다. 실제로 모더니즘과 문화산업이라는 현상은 같은 역사적 시기에 탄생했다. 서로 적대적이긴 했으되, 이 두 현상은 모두 편리한 사회적 환상을 만들어냈다는 비난에서 자유롭지 않다. 대다수의 대중문화는 가상의 즉각성과 판타지적 해결책을 통해 소비자에게 가짜 유토피아의 모습을 제공했던 반면, 일부 순수예술은 대중예술과는 달리 내용상 환상이 깨져 있어 화합을 조장하지 않는다고 할 수도 있으나, 사실은 통합 형식으로 화합하려 자주 시도했다고 충분히 볼 수 있다.*

---

* 언어, 의미, 서사 등이 난해하고 모호하고 파편화된 식으로 '통일된' 형식을 가진 예술은 거기에 탐닉하고 빠진 이들에게 대중문화와는 다른 방식의 가짜 유토피아와 가짜 화합을 제공한다고 볼 수 있다. 아이돌의 엔터테인먼트를 보며 즐거워하는 일반 대중과 버지니아 울프의 소설만을 예술이라고 여기며 그 안에서만 즐거움을 찾는 소수의 독자들은 사실 유사하다고 이글턴은 말한다.

전통적으로 마르크스주의는 특히 사적 소유관계와 생산 활동을 포함하는 사회의 '토대'와 법, 예술, 정치, 관념을 아우르는 '상부구조' 사이를 구분했다. 사회경제적 체계(토대)가 의식의 형식들(상부구조)을 만들어내는 데 힘쓰듯이, 매체는 토대와 상부구조라는 이 두 영역 사이의 특별히 밀접한 관계를 드러낸다. 이 두 영역이 '객관적' 현상이라면, 이들 영역은 또한 '주관적' 체험의 양식들을 생산해낸다. 분명 이는 모든 문화 형식에 어느 정도는 적용된다. 복잡한 사건들이 계속 일어나고, 복합적인 서사의 반전들로 가득하며, 광범위한 인물들이 등장하는 야심찬 규모의 소설을 상상해보라. 그런 작품은 출판 기술이 있었기에 비로소 존재할 수 있다. 이 작품의 대단히 예술적인 형식은 출판 기술이라는 물질적 사실에 의해서 형성되는 것이다. 엘리자베스 시대의 시인은 몇 편의 연애시를 궁정에 있는 주위 친구들에게 돌릴 수 있었지만, 오늘날 그보다 훨씬 긴 텍스트를 손으로 필사해서 배포할 수 있는 작가는 없다.

하지만 오늘날의 매체 환경에서 예술적 형식과 물질적 사실 사이의 이런 관계는 역사상 가장 뚜렷하게 드러난다. 가령 보통의 미국 텔레비전 뉴스 프로그램을 떠올려보라. 그런 프로그램에도 예술적 형식이라는 품격 있는 타이틀을 부여하지 말라는 법은 없으니까. 사실 뉴스 진행자는 여러 요건 중에서도 울림이 깊은 목소리뿐 아니라 편하게 바라보는 눈빛으로 선택되고, 울림 깊은 목소리로 다정한 척 농담을 하고, 하나의 뉴스에서 갑자기 다른 뉴스로 도약하며, 보도는 과장되어 있고, 분량은 매우 짧으며, 몇 초 이상 이어지는 영상 자료는 극히 드물고, 덜 수준 높은 시청자들이 지루하게 하지 않도록 상세 분석은 결여되며, 방금 요크셔에서 핵전쟁이 터진 상황이라 해도 초점은 가차 없이 국내 소식에만 맞춰진다. 즉 이 모든 내용은 뉴스 프로그램의 최우선 규범이 가능한 최대의 이윤을 얻기 위해 가능한 최대의 시청자를 확보해야 한다는 것임을 말해준다. 거의 모든 곳에서 경제가 체험을 형성한다. 뉴스 중간에 나오는 광고가 궁극적으로 뉴스 프로그램의 원고 구문은 단순해야 하고, 어휘는 기본적이어야 하고, 어조는 과장되어야 하고, 치아는 반짝여야 하고, 놈 촘스키Noam Chomsky와의 탐구적인 인터뷰는 방송될 수 없다고 지시하는 것이다.

문화가 사회적 삶의 나머지 영역들로부터 너무 멀리 떨어져 있다는 불만이 흔히 제기되곤 했다. 하지만 이제 문화산업의 진화와 더불어 문화는 사회적 삶의 구석구석까지 전부 스며들어 있다. 한때 문화가 일상에 대한 설득력 있는 비판을 내놓기에는 일상에서 너무 멀리 떨어져 있었다면, 현재 문화는 일상과 너무 얽혀 있어 그 일을 할 수 없다. '고급문화'가 일상생활에서부터 정치적 이득에 이르는 거리를 자유롭게 조절할 수 있었던 시절이 있었다. 어떤 확실한 사회적 기능을 갖지 않았기에, 문화는 사회적 존재의 대안적 형태에 관해서 마음껏 유토피아적인 표현을 할 수 있었다. 이런 예를 우리는 오스카 와일드의 작품 속에서 이미 살펴보았다. 대체로 예술의 이런 유토피아적 기능은 문화가 전반적인 상품생산에 통합되면서 생겨난 피해자임이 밝혀졌다. 그렇기는 해도, 대중문화에 관한 한 빈곤함뿐 아니라 풍부함을 말할 수 있게 되었다. 이미 우리는 고급문화와 대중문화의 차이가 귀중한 문화 대 가치 없는 문화의 차이로 연결될 수는 없음을 언급했다. 최상급의 수준을 가진 수많은 대중문화가 있는가 하면(히치콕Alfred Hitchcock, 플랭스티Planxty, 존 콜트레인John Coltrane, 필립 K. 딕Philip K. Dick, 이언 랜킨Ian Rankin, 모리세이Morrissey, 몬티 파이튼Monty Python), 꽤 많은 고급문화가 상당히 과대평가되어 있다(에머슨Ralph Waldo Emerson, 매슈 아널드, 후기의 브라우닝Robert Browning, 콘래드의《어둠의 심연》, 앨리스 먼로Alice Munro의 소설들). 게다가 고급문화는 상대편인 대중문화에 의해 변환될 수도 있다. 역사상 최초로 수백만의 사람들이 동시에 베르디Giuseppe Verdi의 오페라를 듣거나 체호프Anton Chekhov의 연극을 보는 일이 가능해졌다. 디킨스나 제인 오스틴 소설은 영화나 텔레비전 드라마로 제작된 이후 서점에서 수십만 부가 더 판매되는 실적을 올릴 수 있었다.

하지만 리비스 같은 고급문화의 관리인에게는 이런 일이 별 위안을 주지 못할 것이다.《대중 문명과 소수 문화*Mass Civilisation and Minority Culture*》에서 리비스는 이렇게 쓴다.

어느 시대나 예술과 문학의 진가를 알아보는 사람들은 극소수이다. (…) 과거에 발생한 최상의 인간 경험에서 이득을 얻을 수 있는 힘을 우리는 바로 이 극소수에게 의존하는 것이다. 그들은 전통에서도 가장 미묘하고 가장 상하기 쉬운 영역들을 살아 있게 한다. 그들이 보존하는 것은 (…) 훌륭한 삶이 의존하는 언어와 변화하는 관용구들인데, 이것 없이는 탁월한 정신도 어긋나고 앞뒤가 안 맞게 된다. '문화'라는 말로 내가 의미하는 것은 그런 언어의 사용이다.[26]

러스킨과 모리스와는 달리, 리비스는 문화 관념이 문명의 다른 형태를 지시할 수도 있다고 상상하지 않는다. 대신 문화의 과업은 프로이트가 《환상의 미래 Die Zukunft einer Illusion》에서 언급했던 "게으르고 우둔한" 대중에 맞서 후위를 방어하는 것이라고 본다. 하지만 레이먼드 윌리엄스는 여기에서 '대중'이 의미하는 바가 무엇인지를 묻는다.

> 대중이라는 말로 의미하는 것은 보편적 참정권에 의존하는 민주주의인가, 아니면 보편적 교육에 의존하는 문화인가, 아니면 보편적 문자 해독력에 의존하는 독자층인가? 대중 문명의 산물이 그렇게나 혐오스럽다면, 우리는 참정권, 교육, 문자 해독력을 쇠퇴의 동인으로 파악해야 하는가?[27]

윌리엄스는 이 중 그 어느 것도 아니라고 스스로 답을 내놓는다. 이것들 모두가 근대 문명의 소중한 성취들이라고 할 수 있지만, 근대성을 논한 고결하신 비평가들은 이 속에서 오직 문화적 저속함만 본다. 그런 비평가들 대부분은 또한 근대 문명에서 체험이 전반적으로 값싸게 변하는 현상의 근본 원인을 탐구하려고 하지 않는데, 윌리엄스 자신이 지적하는 바에 따르면 그 원인의 큰 부분은 이윤 동기에서 생겨나는 것이다. 그런 비평가들의 관점에서는 돌이킬 수 없이 타락한 현재의 병증에 대해서 어떤 해결책도 없을 것이다. 대신 리비스는 향수에 젖어 산업화 이전 시기 영국의 소위 유기적 사회를 되돌아본다. 반대로 윌리엄스는 우리에게 그 시기 사회의 "구성 요소 중에는 빈곤, 소소한 폭압, 질병과 사망률, 무지와 좌절한 지성도 있음"을 환기하려 한다.[28]

대중문화는 두 단계로 진화했다. 우선, 대중문화는 그 영향력을 사회의 거의 모든 분야로 확장했다. 그다음 대중문화는 사회적 존재의 나머지 영역들과 통합하기 시작했고, 그리하여 문화와 사회 간의 구별은 점점 불확실해져갔다. 정치는 갈수록 이미지, 아이콘, 스타일, 스펙터클의 문제가 되었다. 교역과 생산은 포장, 디자인, 브랜드, 광고, 홍보에 더욱더 의존했다. 개인들 사이의 관계는 기술적 텍스트와 이미지에 의해 중재되었다. 포스트모더니즘 시대가 시작된 것이다.

그래서 수많은 이유로 문화는 그 순수성을 내려놓았다. 진정 근대의 역사는, 다른 무엇보다도, 이 고귀한 이상이 점차적으로 밝혀지는 탈신화화에 관한 이야기다. 실러, 헤르더, 아널드 같은 사상가들의 사유 속 숭고한 지위에서 시작했던 문화는 위험할 정도로 열광적인 민족주의 브랜드에 속했다가, 인종주의 인류학에 사로잡혔다가, 전반적 상품생산에 흡수되었다가, 정치적 갈등에 휩쓸렸다. 문화는 권력에 대한 해독제를 제공해주는 게 아니라 오히려 권력과 깊숙이 공모하고 있는 것으로 판명되었다. 문화는 우리를 구원해줄 수도 있는 위치에 놓이기보다 다시 제자리에 확실히 되돌려져야 할 필요가 있어 보인다. 이제 이 문제를 논의해보자.

6.

결론:
문화의 자만심

미디어의 실력자들과는 달리 문학평론가들은 자신들의 중요성에 대해 언제나 의문을 품어왔다. 한편으로 문학이 가장 근본적인 인간 현실을 다룬다는 것은 부정할 수 없으므로, 그 일을 하는 이들에게 어느 정도의 지위를 부여하는 일이 필요할 수도 있다. 다른 한편으로, 문학이 공적 영역을 버리고 학계로 들어간 이래 문학작품 연구가 주요하지 않은 지엽적 소일거리가 되었으며, 이제 어렵지 않게 대학의 문학 분과(실제로는 예술과 인문학 일반)는 지나간 과거의 일이 되어버렸다고 상상할 수 있다. 대학의 문학 연구는 처음 생겨났을 때에는 고상한 조롱의 대상('모국어로 쓰인 문학에 대한 공식적 지도를 받는 것이 사냥에 나가서 소총 다루는 법을 배우는 것보다 신사에게 진정 더 요구되는 일인가?')이었다가 이제는 좀 더 세상 물정과 관련된 회의론('저토록 난해한 연구가 경제를 활성화하는 데 진정으로 기여하는가?')과 대면해야 하는 상황이다.

새롭게 발전한 많은 것 중에서도 대중문화라는 개념이 사회적 연관성을 모조리 상실할 위험에 처해 있는 문학비평을

구하기 위해 나섰다. 한때 문학 연구자들이 영화, 미디어, 대중소설 등의 연구에 뛰어들었을 때, 그들이 그런 연구의 구심점에 있다고 할 만한 이유가 어느 정도 있다는 것은 분명했다. 어쨌든 그들은 수백만의 보통 사람들이 소비하는 가공품을 다루었던 것이다. 우리는 혁명적 민족주의에 운명을 걸었던 그 문학계 지식인들에게 다른 종류의 구심점 역할이 부여되었고, 세미나실과 전쟁터를 교환했던 그들이 이제 세계 역사상에서의 지위를 주장하는 것이 가능했었음을 이미 살펴보았다. 아일랜드의 혁명가인 토머스 맥도나Thomas MacDonagh는 더블린에서 그의 마지막 대학 강의(제인 오스틴에 대한 것이었다)를 마친 후 1916년 부활절에 있었던 반식민주의 봉기에 참여하기 위해 캠퍼스를 떠났다가, 후에 영국군의 손에 죽었다. 《맨스필드 파크》*에서 전투적 애국자로 가는 길은 상상할 수 있는 것보다 더 짧음을 입증했던 것이다. 혁명적 민족주의의 물결이 빠져나가기 시작하면서 문화이론이 광범위한 역할을 하도록 도와준 것은 종족 정치와 포스트식민주의 이슈들이었는데, 그때 문화산업은 이미 성장한 이후였다. 소위 테러와의 전쟁이 시작되자 문화적 친연성, 종족 정체성, 종교적 신념 등이 국제정치의 갈등 속에서 중요성을 획득해나갔다. 하지만 그전에 문화 및 문학 연구는 성 정치의 발흥 덕분에 새로이 생명이 연장되었는데, 성 정치는 지난 수십 년 동안 문화 및 문

---

* 제인 오스틴의 낭만적 소설《맨스필드 파크》에서 저택 주인인 버트럼 경은 식민지의 농장 경영으로 부를 얻었다.

학 연구가 몰두했던 가장 주요 분야 중 하나였다. 그래서 21세기가 시작되자 문화 개념의 미래는 적어도 '지하드'가 존재할 때까지는 계속될 것이고, 오직 영화와 텔레비전이 종말을 맞아야만—지상에서 리비도가 사라지는 것과 더불어—(그 미래에) 심각한 위험이 초래되리라는 점이 명약관화해 보였다. 개념으로서의 문화는 완숙함에 이르렀을 뿐 아니라 어떤 영역에서는 최고로 자리 잡은 것 같았다.

하지만 이런 평가는 문화의 중요성을 실제보다 과장하는 위험에 노출되어 있다. 예컨대 '문화산업'이라는 용어의 모호성을 보자. 만약 '산업'이라는 단어가 문화 생산이 근대 문명을 관통하며 얼마나 멀리까지 영향력을 확장했는지를 보여주는 기준이라면, 이 단어는 또한 이런 일을 하기 위한 핵심 동기가 결코 문화적인 것이 아님을 환기하기도 한다. 제너럴 모터스 자동차 회사와 마찬가지로, 할리우드와 미디어가 으뜸으로 삼는 것은 회사 주주들의 이익이다. 바로 이윤 동기가 문화가 전 세계에 걸쳐 장악력을 펼치도록 강제하는 것이다. 문화산업의 존재는 문화의 중심성보다는 한때 케냐와 필리핀을 식민화했던 것만큼이나 철저하게 판타지와 쾌락을 식민화하는 오늘날 후기 자본주의 체제의 팽창주의적 야망을 증명해준다. 여기에서 발생하는 기이한 아이러니는 대중문화가 커지면 커질수록, 이를 문화 자체의 힘이 만든 현상으로 여기는 일도 더 늘어나지만 실제로 문화의 자율적인 영역은 더욱더 줄어든다는 점이다. 뿐만 아니라 문화의 영향력이 더 늘어날수록 문화는 그것이 가진 규범적 의미에서 대개는 문화에 적대적일 수

밖에 없는 목표를 가진 글로벌 체제를 더 강화하게 된다.

관습적인 포스트모던 지혜는 이 체제가 이제 문화적 전환을 하기에 이르렀다고 말한다. 옛 산업 세계가 거친 말투로 군림했다면 현재의 자본주의는 진화해 문화적 얼굴로 바뀌었다. 이른바 '창조'산업의 역할, 새로운 문화적 기술이 가진 힘— 기호·이미지·브랜드·아이콘·스펙터클·라이프 스타일·판타지·디자인·광고의 두드러진 역할—이 모든 것은 자본주의의 '미학적' 형식이 등장했음을, 물질적인 것에서 비물질적인 것으로 이동 중임을 증명해준다. 하지만 이 이동이 설명하는 것은 자본주의가 자기만족적이고 자기충족적으로 미적이고 비실용적인 것의 지배하에 놓였다는 게 아니라, 자신의 물질적 목표를 위해 문화를 포섭했다는 사실이다. 이 미학으로 변모한 자본주의 생산양식은 오히려 자본주의가 한층 더 가혹하게 도구화되었음을 보여주었다. 마르크스와 모리스는 '창조성'을 자본주의적 유용성의 반대편에 있는 것으로 여겼지만 이제 그것은 취득과 착취를 위해 이용된다.

전 세계적인 현상인 대학의 쇠퇴야말로 자본주의가 한때 자신의 반대말('문화')로 여겨졌던 것을 자신에게 동화시키는 데 전념하는 방식을 보여주는 가장 분명한 사례다. 대학의 쇠퇴는 사실상 공산주의와 세계무역센터가 무너진 일보다 덜 극적이기는 해도 우리 시대의 가장 기념비적인 사건들의 대열에 자리 잡고 있다. 인문적 비판의 핵심부로서 수세기에 걸친 전통을 가진 대학은 현재 야만적일 만큼 속물적인 관리 이데올로기의 지배 아래 놓인 사이비 자본주의 기업으로 전환되면서 사라지는 중이다. 한때 비판적 성찰의 무대였던 학술 기관들은 마권 판매소와 패스트푸드점과 더불어 시장 기관으로 점점 축소되고 있다. 이제 대부분의 대학은 가치란 주로 부동산의 문제라고 여기는 테크노크라트들의 손아귀 속에 있다. 대학의 새로운 지식 프롤레타리아들은 플라톤과 코페르니쿠스에 대한 그들의 강의가 얼마나 경제에 많은 도움이 되는지의 여부로 평가받으며, 취직 못한 졸업생들은 일종의 룸펜 지식인 무리를 구성한다. 지금 학생들의 등록금은 매년 부과되지만, 조만간 지도교수들은 그들의 통찰력에 따라 보수를 받게 되리라는 점을 깨닫게 될 것이 분명하다. 최근 한 영국 대학은 교수들 일부를 새로운 건물로 이동시키면서 그들의 자그마한 연구실에 꽂아둘 책의 양을 심하게 규제하는 규정을 시행했다. 개인의 장서라는 관념은 빌 헤일리Bill Haley*나 맘보바지만큼이나 낡아빠진 현상이 되고 있다. 우리 대학의 완고한 관리자들의 꿈은 책과 종이가 없는 환경으로, 어수선하고 구겨지는 책과 종이는 기계, 관료, 보안요원 외에 다른 것이라고는 아무것도 없는 번쩍이는 신자본주의의 황무지와는 양립할 수가 없다. 학생들 역시 어수선하고 구겨지는 것이므로, 이상적인 캠퍼스란 그런 불편한 존재들이 아예 눈에 보이지 않는 곳일 것이다. 인문학 자체의 죽음이야말로 이제 지평선에서 곧 떠오를 사건이다.

---

* 1925~1981. 로큰롤 음악을 최초로 대중화한 미국의 가수로, 〈Rock Around the Clock〉이라는 곡이 유명하다.

결정적으로 자본주의가 새로운 문화적 양식으로 변환되었다는 믿음을 박살냈을 법한 것은 2008년의 금융위기였다. 이런 격변이 낳는 한 가지 결과는 위기의 순간에 더 이상은 구체적인 역사 체제의 산물로 여겨지지 않는 삶의 형태로부터 익숙함의 베일을 벗겨내는 것이다.* 이런 격변은 위기로 흔들린 자본주의의 내부 작용들을 안정화하는 과정에서 생활 형태를 규격화하고 객관화하며 소외하는 것을 가능케 만든다. 자본주의는 이제 일상 속에서 더 이상 보이지 않는 색깔로 남아 있지 않고, 대신 역사적으로 최근에 생긴 문명 양식으로 보이게 된다. 바로 이런 위기가 낳은 고통의 시기에 이 체제를 운영하는 것으로 여겨지는 사람들조차 '서구 민주주의'니 '자유세계' 같은 완곡한 단어보다 처음으로 '자본주의'라는 단어를 대놓고 쓰기 시작한다는 점은 의미심장하다. 이 자본주의 운영자들은 차이, 다양성, 정체성, 주변부 담론에 열광한 나머지, '착취'나 '혁명'은 말할 필요도 없고 수십 년 전부터 아예 '자본주의'라는 단어도 안 쓰기 시작한 일부 문화 좌파들까지 슬며시 따라 잡는다. 신자유주의적 자본주의는 아무런 어려움 없이 계급투쟁의 언어들뿐 아니라 '다양성'이나 '포용성' 같은 용어를 쓰는 것이다.

---

* '구체적인 역사 체제의 산물로 여겨지지 않는 삶의 형태'라는 것은 자본주의적 삶의 형태를 말하는 것으로, 자본주의적 삶은 특정한 시기의 산물이지만 원래부터 그런 것이라는 자연스러움과 여기에서 벗어나는 것은 불가능하다는 익숙함으로 받아들여지는 경향이 있다.

이 세계의 지배자들*이 자본주의에 대해서 말한다는 것은 경솔한 일인데, 왜냐하면 그렇게 함으로써 자본주의적 삶의 형태가 많은 삶의 형태 중 단지 하나에 불과함을, 다른 생활 형태 모두가 그렇듯이 자본주의적 생활 형태 역시 특정한 기원을 갖고 있음을, 그리고 태어난 것은 언제나 죽을 수 있음을 인정하는 셈이기 때문이다. 물론 자본주의가 그저 인간 본성일 수도 있다. 하지만 인간 본성은 있었으되 자본주의는 존재하지 않았던 시기가 있었음을 부정하기란 어렵다. 그러나 2008년 금융위기로 인해 온갖 들뜬 이야기들이 라이프 스타일과 혼종성, 유동적 정체성과 비물질적 노동, 리좀적(뿌리줄기 같은) 조직과 CEO의 자유분방한 패션, 노동계급의 소멸과 산업 노동에서 정보기술과 서비스산업으로의 전환 등에서 나타났음에도 불구하고, 매우 당황스럽게도 이 체제는 근본적으로 거의 변하지 않았다는 사실이 드러났다. 이런 혁신들에도 불구하고, 체제의 일시적인 파손은 우리가 여전히 대량 실업과 불쾌할 정도로 과도한 연봉을 받는 경영자들, 총체적인 불평등과 망가진 공공서비스 속에서 힘겹게 살아가고 있음을, 즉 가장 단호한 정통 마르크스주의자들이 상상했던 대로 국가라는 것이 속속들이 지배계급의 이익에 복무하는 도구일 뿐이었음을 폭로해주었다. 결국 핵심은 이미지와 아이콘이 아니라 거대한 사기와 체계적인 약탈이었다. 진짜 깡패들과 아

---

* Masters of the Universe. 자본주의의 운용자들, 특히 강력한 힘을 가진 금융 분야의 엘리트들을 의미한다.

나키스트들은 세로줄무늬 정장을 입었고, 진짜 강도들은 은행을 터는 게 아니라 은행을 경영하고 있었던 것이다.

* * *

문화 개념은 전통적으로 구별 짓기distinction 개념과 연관되어 있다. 고급문화는 등급의 문제다. 마르셀 프루스트Marcel Proust와 토마스 만이 묘사했던 대단한 상류 부르주아 가정들의 경우, 그들에게 권력과 물질적 부는 고상한 문화적 분위기를 동반하며 일련의 도덕적 의무들을 수반한다고 생각한다. 정신적 위계는 사회적 불평등과 밀접하게 연관되어 있다. 반면 선진 자본주의의 목표는 위계를 제거하는 동시에 불평등을 보존하는 데 있다. 이런 의미에서 선진 자본주의의 물질적 기반은 문화적 상부구조와 어긋나 있다. 다른 사람들이 가진 천연자원을 착취함으로써 그들과 당신 사이의 물질적 불평등이 그대로 유지되는 한, 그 과정에서 당신이 그들보다 우월하다고 선포할 필요는 없다. 미국이 이라크라는 거대한 산유국을 조준하여 정치적·군사적 통제를 하고 있는 한, 미국인들이 자신들을 이라크인들보다 인종적으로 우월하다고 여기는지의 문제는 중요치 않은 것이다. 문화적으로 후기 자본주의는 대체로 위계의 문제가 아니라 혼합, 합병, 다양성이라는 혼종성의 문제지만, 물질적으로 볼 때 사회계급 사이의 격차는 빅토리아 시대의 계급 차이를 훨씬 넘어선다. 전자에 주목하면서도 후자는 신경 쓰지 않는 수많은 문화연구자가 존재한다.

소비 영역은 손님으로 오는 모든 이에게 친절하지만, 재산과 생산 영역은 엄격하게 계층화된 채로 남아 있다. 하지만 프루스트와 만의 시대와는 달리, 재산과 계급에 의한 분할은 그것이 머무는 곳인 문화, 곧 평등하고 민주적이며 잡다한 정신적 성향을 가진 문화에 의해 일정 부분 가려진다. 프루스트와 만의 시대에 존재했던 우아한 환경과는 반대로, 문화 자본과 물적 자본은 이제 서로 분리되기 시작한다. 이 자본주의 체제의 정상에 있는 매매꾼들, 증권 중개인들, 교활한 변호사들, 수완가들, 투기꾼들의 정신적 공허함은 그들의 미학적 지혜에 비해 거의 눈에 띄지 않는다.

문화적 위계를 무너뜨리는 건 분명 환영할 일이다. 하지만 그로 인해 발생하는 결과는 대개 진정한 민주주의 정신이 아니라 상품 형태가 발휘하는 효력으로, 대안적 우선성을 내세우며 기존 가치들에 이의를 제기하기보다는 기존 가치들이 똑같이 평등해지는 것이다. 정말로, 이는 문화적 우월주의에 대한 공격보다는 가치라는 관념 자체에 대한 공격을 의미한다. 차이를 식별하려는 행위discrimination* 자체가 의심받는다. 식별 행위는 배제를 포함할 뿐 아니라, 우월한 위치가 있을 수 있다는 가능성을 반드시 내포하는 것으로, 평등주의 정신을 가진 이들에게는 모욕적으로 보인다. 록 가수 리엄

---

* 'discrimination'은 대개 '차별'로 번역되지만, 기본적으로는 차이를 식별하는 행위 일반을 의미하며 혐오 행위와 자동적으로 연결되지는 않는다. 따라서 이 맥락에서 '차별'은 그렇게 이해될 필요가 있다.

갤러거Liam Gallagher보다 흑인 재즈 가수 빌리 할리데이Billie Holiday를 더 좋아한다고 말하는('누구를 더 좋아한다고 판단할 권리가 어디에 있는가?') 사람들은 무조건 엘리트주의자가 된다. 그런데 가치평가가 보편적으로 이뤄지는 대표적인 곳이 펍과 스포츠 경기장이므로, 순위 매기기에 대한 혐오는 사실 그 자체로 엘리트주의적 태도인 셈이다.* 차별은 차이에 자리를 내준다. 애리조나주 플로렌스의 요리는 이탈리아에 있는 플로렌스(피렌체) 요리보다 더 맛있거나 덜 맛있지 않으며, 그저 둘은 차이가 있을 뿐이다. 차별은 어떤 것을 부당하게 비하하면서 다른 것을 왜곡해서 절대화하는 행위다. 미국 대통령 도널드 트럼프Donald Trump가 교황 프란치스코Francesco보다 덜 겸손하다고 판단하는 일은 독선적으로 트럼프를 바깥 암흑에 몰아넣는 일이고, 따라서 비차별주의라는 절대 가치를 어기는 일이 된다. 도대체 내가 누구기에 그런 권위를 가진단 말인가? 도대체 내 관점이 얼마나 끔찍할 정도로 전능하기에 애완용 쥐에게 먹이를 주는 것이 그 쥐를 전자레인지에 집어넣는 것보다 더 낫다고 거들먹거릴 권리가 있단 말인가?

상품이 가진 거짓 포퓰리즘, 즉 평가와 배제와 차별을 거부하는 그 따뜻한 마음씨는 상품이 모든 이에게 완전히 무관심하다는 사실에서 나온다. 계급, 인종, 젠더의 차이 대부분에 대해 개의치 않고 흠잡을 데 없이 공평하게 친절을 베풂으로

---

* 주로 영국적인 맥락에서, 펍과 스포츠 경기는 가장 서민적이며 대중적인 문화의 예라고 할 수 있다.

써, 상품은 사창가의 정신을 이어받아 현금으로 구매할 능력이 있는 이라면 그 누구에게나 자신을 내어줄 준비가 되어 있다. 다문화주의의 역사적 발전 아래에도 비슷한 무관심이 깔려 있다. 만약 현 인류가 역사상 처음으로 완벽하게 혼종될 기회가 있다면, 그 주된 원인으로는 자본주의가 있다. 자본주의 시장에서는 누군가의 노동력을 구매하는 데 문화적 배경은 전혀 상관이 없기 때문이다. 여기에 어떤 과도기적 긴장이 작동하고 있다는 건 분명하다. 현재 모든 참가자에게 난잡할 정도로 열려 있는 영역은 경제고, 차별을 하고 싶어 하는 영역은 특정 인종차별 경향이다. 민족국가가 군사력과 사회적 동질성으로 수세기를 군림하는 동안 자본주의 시장이 그 민족국가 문화에 내포되는 데 익숙해져왔다면, 이제는 다른 종족 집단들을 한데 모아들이고 있다. 반면 인종주의와 신파시스트 세력들은 이런 변화가 실은 세계화된 경제체제가 여전히 의존하고 있는 국가적 결속력을 깨뜨릴 위협이라고 여긴다. 이런 의미에서 혼합과 다양성은 새로운 형태의 위계와 분할을 낳는 것이다.

그렇다면 지금 이 시기에 문화와 경제는 어떤 면에서 서로 동기화되지 않고 있는 셈이다. 경제는 세계로 나아갈 수 있지만, 문화가 뒤섞인 세계인들을 어루만지기란 그리 간단한 일이 아니다. 물론 사람들은 여러 언어가 들리는 카페에서 시간을 보내거나 많은 나라의 음악을 즐길 수 있으나, 이런 의미에서의 문화라는 용어는 가치와 신념이 뿌리내리는 데 필요한 깊이를 결여하고 있다. 실제로 국제적으로 남성과 여성이 그를 위해 죽음을 무릅쓰고 헌신하고 있고, 특히 사회주의 전통에서 그렇다. 그러나 버크가 인지했듯이 문화는 각 지역에서의 충성으로 인해 많은 부분 회복된다. 영국 요크셔의 도시 브래드퍼드나 벨기에 플랑드르 지역의 도시 브뤼헤의 시민들이 '유럽연합 만세!'를 외치며 몸을 바쳐 바리케이드를 쌓는 일은 상상하기 어렵다. 초국가적 자본주의는 세계시민을 만들어내기보다는 수많은 세계시민 주체들 사이에 편협성과 불안정을 야기하여 그들을 자신의 영향 아래 두는 경향이 있다. 이 불안정으로 인해 세계인들은 세계주의 카페가 아니라 인종주의와 국수주의로 향하게 되는 것이다.

어떤 문화 형태들은 그 중요성이 늘어나고 있는 반면, 다른 형태들은 축소되었다. 이제 아무도 예술이 신의 자리를 채울 수 있다고 믿지 않는다. 문명 비판으로서의 문화는 그런 식의 모든 비판이 환상적 기준에 불과한 절대적 지식으로부터 역시 환상인 사회적 총체성에 집중한다는 포스트모던 편견 때문에 점차 기반을 상실해왔고, 점점 영향력이 약화되었다. 지금까지 살펴보았듯이, 문화는 대학이 저지른 지적 반역에 의해서도 역시 압박을 받았다. 문화 관념의 비판적 차원 혹은 유토피아적 차원은 급속히 위축되는 중이다. 우리가 농인聾人 문화, 해변 문화, 카페 문화 등이라고 말할 때처럼 만약 문화가 공동체적 삶의 방식을 의미한다면, 그런 삶의 형태들을 가늠하는 척도이자 사회적 존재 일반을 평가하는 척도로 문화를 동시에 사용하는 일은 어렵다. 소위 정체성 정치는 자기비판적 정신을 가졌기에 주목받는 게 아니다. 영국 민속 문화에 대한 몰입의 핵심은 영국의 민속성을 긍정하는 것이지 거기에 이의를 제기하는 게 아니다. 영국 전통 춤인 모리스 춤이 유감스럽기는 하지만, 이 일 전체를 풍자하기 위해 모리스 댄서가 되는 이는 없다.

동시에 기존 질서에 대해 진정으로 대단히 비판적인 정치 문화들(게이, 페미니스트, 종족, 음악 문화 등)이 있다. 이런 문화들은 문화비평의 비판적 충동을 물려받는 반면, 거기에 포함된 정신적 엘리트주의는 버린다. 이 문화들은 또한 구체적인 삶의 방식을 위해 추상적인 유토피아주의는 거부한다. 이 문화들이 근대성 혐오와 더불어 실러에서 로런스에 이르는 전통인 귀족적 거리두기의 태도에 도전한다면, 이 문화들은 또한 총체적 사회질서에 차가운 시선을 던지는 대신, 특정한 사회적 정체성을 단지 긍정하기 위해 존재하는 공동체적 생활 형태들과 다르다. 자본주의를 타도하기 위해 아주 크게 오해한 사람만이 영국 전통을 지키는 모리스 댄서가 되는 반면, 많은 페미니스트는 자본주의 몰락이라는 전망을 환호하며 받아들인다. 이런 종류의 정치적 문화들은 어떤 면에서는 전통적 노동운동이 가졌던 스타일과 비슷하게, 비판을 연대와 결합한다.

하지만 정체성 정치와 다문화주의가 급진적 세력이 될 수 있다 해도, 이들은 근본적으로 혁명적 세력은 아니다. 이런 정치적 경향 중 일부는 혁명과 관련해 대체로 희망을 버렸고, 다른 일부는 아예 애초부터 희망조차 품고 있지 않았다. 이런 측면에서 이 문화들은 인도에서 영국인을 몰아내고 콩고에서 벨기에인을 몰아내게 만들었던 그런 힘과는 다르다. 그런 운동은 축출과 배제의 문제였지 처음부터 다양성과 포용성의 문제가 아니었다고 하는 편이 상당히 적절하다. 또한 비록 대부분은 좌절된 비전이 되고 말았지만, 이들은 자본주의 현실이라는 지평선 너머의 세상을 상상했었다. 반면, 오늘날의 문화정치는 일반적으로 그런 우선적 문제들에 도전하지 않는다. 오늘날 문화정치는 젠더, 정체성, 주변성, 다양성, 억압의 언어를 사용하기는 해도 국가, 재산, 계급투쟁, 이데올로기, 착취를 표현하는 관용구로 사용하지 않는 일이 대부분이다. 대략 말하자면, 여기에서 나타나는 차이는 반식민주의와 포스트식민주의 간의 차이와 같다. 이런 식의 문화정치는 어떤 의미에서는 엘리트주의적 문화 개념의 가장 반대편에 있다. 하지만 문화정치는 그들 자신만의 방식으로 문화 현상을 과대평가하는 엘리트주의뿐 아니라 근본적 변화의 전망과 거리를 둔다.

그렇다면 마지막으로, 소위 테러와의 전쟁은 어떤가? 정치적 사회에서 지속적인 문화 문제를 찾으려면 이곳으로 눈을 돌려야 하지 않는가? 세계무역센터의 붕괴를 현대 문명의 심장부에서 낡은 고대의 문화적 힘*이 초현실적으로 폭발한 현상으로 바라볼 수 있을지도 모른다. 하지만 서구 자본주의와 근본주의 이슬람 간의 충돌은 문화적이거나 종교적 사안이

---

* 이슬람교를 말한다. 동양과 서양의 충돌, 고대와 근대의 충돌이라는 시각으로 테러 및 테러와의 전쟁을 바라보는 대표적 시각은 새뮤얼 헌팅턴의 《문명의 충돌》에서 찾을 수 있다.

아니라 기본적으로 지정학적 사안으로, 최근 북아일랜드에서의 갈등이 종교적 신념과는 거의 상관없는 것과 동일하다. 북아일랜드 지역에서는 통합론자들과 민족주의자들이 우호적으로 회합할 필요성에 대해 많은 논의가 있었고, 이는 '두 개의 문화 전통'이라는 무미건조한 이름으로 알려져 있다. 그러므로 부당함과 불평등의 역사이며 프로테스탄트 지배와 가톨릭 예속의 역사가 대안적 문화 정체성이라는 이름의 무해한 문제로 변환될 수 있다. 문화가 정치를 쫓아내는 편리한 방식이 되는 것이다.

혁명적 민족주의라는 사례에서처럼, 문화는 물질적이고 정치적인 전투들을 연결하는 용어들을 일부 제공해줄 수는 있으나 결코 그 전투들을 대체하지는 못한다. 대개 근본주의란 근대성에 의해 버림받고 굴욕을 당했다고 느끼는 이들의 신조고, 이런 정신적 병리 상태를 만든 데 책임이 있는 세력은 본질적으로 문화적인 것과는 거리가 멀다. 다문화주의의 원인이 된 이들이 문화적인 것과는 거리가 먼 것과 마찬가지다. 사실 새로운 천 년으로 진입해가고 있는 인류가 대면한 핵심 질문은 결코 문화적인 것이 아니다. 그 질문들은 문화적인 것보다 훨씬 더 현세적이며 물질적이다. 전쟁, 기아, 마약, 무기, 종족 학살, 질병, 생태적 재난―이런 주제들에 관한 모든 질문은 문화적 측면을 가지고는 있으되 문화가 핵심은 아니다. 문화를 말하는 이들이 문화 개념을 과장되게 부풀리지 않으면서도 그것을 핵심으로 만들어낼 능력이 없다면 입을 닫고 침묵을 지키는 편이 낫다.

주

1. 문화와 문명

1. Raymond Williams, *Keywords: A Vocabulary of Culture and Society* (revised edition, London: Fontana, 1983), p.87.

2. Raymond Williams, *Culture and Society 1780-1950* (London: Chatto & Windus, 1958), p.256.

3. T.S. Eliot, *Notes Towards the Definition of Culture* (London: Faber & Faber, 1948), p.31.

4. Williams, *Culture and Society*, p.234.

5. D.H. Lawrence, *Lady Chatterley's Lover*. Williams, *Culture and Society*, p.201에서 재인용.

6. E.B. Tyler, *Primitive Culture*, vol. 1 (London: John Murray, 1871), p.1.

7. Eliot, *Notes Towards the Definition of Culture*, p.120.

8. Ibid., p.27.

9. Ibid., p.37.

10. Ibid., p.19.

11. Slavoj Žižek, *Demanding the Impossible* (Cambridge: Polity Press, 2013), pp.2, 9.

12. J.S. Mill, 'Coleridge' (1940), in F.R. Leavis (ed.), *Mill on Bentham and Coleridge* (Cambridge: Cambridge University Press, 1980), p.56.

13. James, letter to W.D. Howells, in Percy Lubbock (ed.), *Letters of Henry*

James, vol. 1 (London: Macmillan, 1920), p.72.

14. John Stuart Mill, *Dissertations and Discussions*, vol. 2 (London: Parker, 1859), p.160.

15. Robert J. C. Young, *Colonial Desire* (London: Routledge, 1995), p.53.

16. Freud, *Civilisation and its Discontents*, ed. and trans. James Strachey (London: Hogarth Press, [1930] 1961), p.89.

2. 포스트모던의 편견들

1. 문화주의의 대표적 주창자는 철학자 리처드 로티다. 특히《철학과 자연의 거울*Philosophy and the Mirror of Nature*》(Princeton, NJ: Princeton University Press, 1979)과《프래그머티즘의 결과들*The Consequences of Pragmatism*》(Minneapolis: University of Minnesota Press, 1982)을 참조하라.

2. Friedrich Nietzsche, *On the Genealogy of Morals*, in Walter Kaufmann (ed.), *Basic Writings of Nietzsche* (New York: Random House, 1968), p.498.

3. 사회적 무의식

1. Thomas W. Copeland (ed.), *The Correspondence of Edmund Burke* (Cambridge: Cambridge University Press, 1958), vol. 8, p.378.

2. Luke Gibbons, *Edmund Burke and Ireland* (Cambridge: Cambridge University Press, 2003), p.121에서 재인용.

3. R. B. McDowell (ed.), *The Writings and Speeches of Edmund Burke*, vol. 9 (Oxford: Clarendon Press, 1991), p.644.

4. Gibbons, *Edmund Burke and Ireland*, p.124에서 재인용.

5. Ibid., p.629.

6. Edmund Burke, *A Vindication of Natural Society* (Indianapolis: Liberty Fund, 1982), p.88.

7. F. W. Rafferty (ed.), *The Works of the Right Honourable Edmund Burke* (London: Oxford University Press, 1906 – 7), vol. 2, p.184.

8. Ibid., p.260.

9. McDowell, *The Writings and Speeches of Edmund Burke*, vol. 9, p.247.

10. *Works and Correspondence of the Right Honourable Edmund Burke* (London: Francis and John Rivington, 1852), vol. 5, p.528.

11. Edmund Burke, *Reflections on the Revolution in France*, in *Select Works of Edmund Burke*, vol. 2 (Indianapolis: Liberty Fund, 1999), p.194.

12. Gibbons, *Edmund Burke and Ireland*, p.121에서 재인용.

13. Ibid., p.175.

14. Ibid.

15. Frederick G. Whelan, *Edmund Burke and India: Political Morality and Empire* (Pittsburgh: University of Pittsburgh Press, 1996), p.5.

16. Conor Cruise O'Brien, *The Great Melody* (London: Sinclair Stevenson, 1992), p.311에서 재인용.

17. Gibbons, *Edmund Burke and Ireland*, p.175에서 재인용.

18. Edmund Burke, *The Works of the Right Honourable Edmund Burke* (London: Clarendon Press, 1981), p.402.

19. P. J. Marshall (ed.), *The Writings and Speeches of Edmund Burke*, vol. 5 (Oxford: Clarendon Press, 1981), p.402.

20. O'Brien, *The Great Melody*, p.324에서 재인용.

21. Paul Langford (ed.), *Writings and Speeches of Edmund Burke*, vol. 2 (Oxford: Oxford University Press, 1981), p.320.

22. Isaac Kramnick (ed.), *The Portable Burke* (Harmondsworth: Penguin, 1999), p.520.

23. Burke, *Reflections on the Revolution in France*, p.172.

24. Ibid., p.170.

25. Ibid., pp.152~3.

26. Ibid., p.93.

27. Ibid., p.192.

28. Ibid., p.122.

29. Friedrich Schiller, *On the Aesthetic Education of Man*, ed. and trans.

Elizabeth M. Wilkinson and L. A. Willoughby (Oxford: Clarendon Press, 1967), p.37.

30. McDowell (ed.), *Writings and Speeches*, vol. 9, p.479.

31. See (ed.), Edmund Burke, *A Philosophical Enquiry into the Origin of our Ideas of the Sublime and Beautiful*, ed. J. T. Boulton (London: Routledge, 1958).

32. Ibid., p.159.

33. David Hume, *Treatise of Human Nature* (Oxford: Oxford University Press, 1960), p.556.

34. McDowell (ed.), *Writings and Speeches of Burke*, vol. 9, p.614.

35. 나는 이 전통에 대해서 《신의 죽음 그리고 문화 *Culture and the Death of God*》 (London: Yale University Press, 2014), 6장에서 더 자세하게 논의한 바 있다.

36. A. Gillies, *Herder* (Oxford: Blackwell, 1945), p.13을 참조하라.

37. Charles Taylor, *Philosophical Arguments* (Cambridge, MA: Harvard University Press, 1995), p.79.

38. Sonia Sikka, *Herder on Humanity and Cultural Difference* (Cambridge: Cambridge University Press, 2011), p.17에서 재인용.

39. F. M. Barnard (ed.), *J. G. Herder on Social and Political Culture* (Cambridge: Cambridge University Press, 1969), p.200.

40. J. G. Herder, *Another Philosophy of History and Selected Political Writings*, ed. and trans. Ioannis Evrigenis and David Pellerin (Indianapolis: Hackett, 2004), p.100 (번역이 약간 수정되었다).

41. 소니아 시카는 이 주제를 사려 깊게 다루는 뛰어난 책을 썼다. Sonia Sikka, *Herder on Humanity and Cultural Difference*, ch.4. John H. Zammito, *Kant, Herder, and the Birth of Anthropology* (Chicago: University of Chicago Press, 2002)도 참조할 것.

42. Barnard(ed.), *J. G. Herder*, p.187.

43. Robert J. C. Young, *Colonial Desire* (London: Routledge, 1995), p.146에서 재인용.

44. Zammito, *Kant, Herder*, p.333.

45. Sikka, *Herder on Humanity*, p.84에서 재인용.

46. Terry Eagleton, *The Ideology of the Aesthetic* (Oxford: Blackwell, 1990), ch.1을 보라.

47. T. S. Eliot, *Notes Towards the Definition of Culture* (London: Faber and Faber, 1948), p.52.

48. T. W. Rolleston (ed.), *Thomas Davis: Selections from His Poetry and Prose* (Dublin: Talbot Press, 1920), p.172.

49. Barnard, *J. G. Herder*, p.203.

50. T. S. Eliot, *Notes towards the Definition of Culture*, p.31.

51. Ibid., p.94.

52. Ibid., pp.106~7.

53. Ibid., p.37.

54. Ibid., p.35.

55. 이 전통에 대한 유익한 설명으로는 Francis Mulhern, *Culture / Metaculture* (London: Routledge, 2000)을 보라.

56. Raymond Williams, *Culture and Society 1780 - 1950* (Harmondsworth: Penguin, 1958), p.334.

57. Ibid., p.238.

58. Ibid., p.335.

4. 문화의 사도

1. Richard Ellmann, *James Joyce* (Oxford: Oxford University Press, 1982), p.226.

2. Oscar Wilde, 'The Soul of Man Under Socialism', in Terry Eagleton (ed.), *Oscar Wilde: Plays, Prose Writings and Poems* (London: Everyman, 1991).

3. Karl Marx, *Grundrisse* (Harmondsworth: Penguin, 1973), p.488.

4. Karl Marx, *Capital* (New York: International Publishers, 1967), vol. 2, p.820.

5. Wilde, 'The Soul of Man Under Socialism', in Eagleton(ed.), *Oscar Wilde*,

p.263.

6. Ibid., p.283.

5. 헤르더에서 할리우드까지

1. Friedrich Schiller, *On the Aesthetic Education of Man*, trans. Elizabeth M. Wilkinson and L.A. Willoughby (Oxford: Clarendon Press, 1967), p.35.

2. Ibid., p.33.

3. Raymond Williams, *Culture and Society 1780-1950* (Harmondsworth: Penguin, 1958), p.201에서 재인용.

4. Schiller, *On the Aesthetic Education of Man*, p.27.

5. Williams, *Culture and Society*, p.215에서 재인용.

6. 이러한 문화의 계통에 대한 고전적 설명은 Raymond Williams, *Culture and Society* 에서 찾을 수 있다.

7. Lawrence E. Klein, *Shaftesbury and the Culture of Politeness* (Cambridge: Cambridge University Press, 1994), p.11.

8. *Spectator*, no. 10, March 12th, 1711.

9. Schiller, *On the Aesthetic Education of Man*, p.21.

10. Matthew Arnold, *Culture and Anarchy* (London: MacMillan, 1924), p.56.

11. Ibid., p.37.

12. Ibid., p.199.

13. John Ruskin, *Stones of Venice* (London: George Allen, 1899), p.165.

14. Williams, *Culture and Society*, p.139에서 재인용.

15. Ruskin, *Stones of Venice*, pp.163에서 재인용.

16. Williams, *Culture and Society*, p.150에서 재인용.

17. Ibid., p.154에서 재인용.

18. Elie Kedourie, *Nationalism* (London: Hutchinson, 1960), p.70.

19. Tom Kettle, *The Day's Burden* (Dublin: Browne and Nolan, 1937), p.10을 보라.

20. 나는 이 경우를 'Nationalism and the Case of Ireland', *New Left Review*, 234 (March/April, 1999), pp.44~61에서 더욱 상세히 논의한 바 있다.

21. Robert J. C. Young, *Colonial Desire* (London: Routledge, 1995), p.52.

22. Luke Gibbons, *Edmund Burke and Ireland* (Cambridge: Cambridge University Press, 2003), p.174.

23. 테리 이글턴, 조은경 옮김, 《신의 죽음 그리고 문화》(알마, 2017)를 보라.

24. I. A. Richards, *Science and Poetry* (London: Kegan, Paul, Trench, Tubner, 1926), pp.82~3.

25. Raymond Williams, *The Politics of Modernism* (London: Verso, 1989), p.33.

26. F. R. Leavis, *Mass Civilisation and Minority Culture* (Cambridge: Minority Press, 1930), pp.3~5.

27. Williams, *Culture and Society*, p.257.

28. Ibid., p.260.

문화란 무엇인가

1판 1쇄 발행 2021년 3월 8일
1판 3쇄 발행 2022년 9월 10일

지은이 테리 이글턴 | 옮긴이 이강선
펴낸곳 (주)문예출판사 | 펴낸이 전준배
출판등록 1966. 12. 2. 제 1-134호 (1966. 12. 2. 제 1-134호)
주소 03992 서울시 마포구 월드컵북로 6길 30
전화 393-5681 | 팩스 393-5685
홈페이지 www.moonye.com | 블로그 blog.naver.com/imoonye
페이스북 www.facebook.com/moonyepublishing | 이메일 info@moonye.com

ISBN 978-89-310-2157-8 03100